Hildegard Strickerschmidt

Hildegard von Bingen – Jahreskreis und Lebenskreis

Hildegard von Bingen

Jahreskreis & Lebenskreis

Hildegard Strickerschmidt

Ein Ratgeber für Leib & Seele

Bibliografische Information der Deutschen Nationalbibliothek

Die Deutsche Nationalbibliothek verzeichnet diese Publikation
in der Deutschen Nationalbibliografie; detaillierte bibliografische
Daten sind im Internet über http://dnb.d-nb.de abrufbar.

Besuchen Sie uns im Internet:
www.st-benno.de

ISBN 978-3-7462-2785-6

© St. Benno-Verlag GmbH
   Stammerstraße 11, 04159 Leipzig
Einbandgestaltung: Ulrike Vetter, Leipzig, unter Verwendung eines
Fotos von © Christa Wendling, www.labyrinth-kastellaun.de
Layout und Gesamtherstellung: Arnold & Domnick, Leipzig (A)

Inhalt

Einführung

„So wie Gott die Geschöpfe in den Menschen eingezeichnet hat, so hat er die Zeiten des Jahres im Menschen programmiert."

Dieses Zitat der heiligen Hildegard von Bingen habe ich als Leitwort für dieses Buch gewählt. Es ist eine spannende und ungewohnte Sichtweise über die Beziehungen zwischen Natur und Mensch. Wir sind es gewohnt, sowohl die belebten als auch die unbelebten Dinge der Welt als etwas zu betrachten, das außerhalb von uns existiert. Einerseits verhalten wir uns so, als ob es in unser Belieben gestellt wäre, wie wir mit ihnen umgehen, andererseits wächst das Bewusstsein für einen verantwortlichen Umgang mit der Schöpfung, weil wir sonst unsere Lebensgrundlage zerstören können. Immer aber sehen wir uns als ein Gegenüber, bestenfalls als Partner der Geschöpfe, wie wir es zum Beispiel bei den Indianern erleben, die sich bei einem Baum entschuldigen, bevor sie ihn absägen.

Leider sieht die ausschließlich materialistisch-naturwissenschaftliche Betrachtungsweise unserer Zeit häufig auch die belebten Geschöpfe lediglich als Material, das wir beliebig benutzen und ausbeuten dürfen. Sogar der Mensch selbst wird weitgehend nur von seinem Körper her definiert, sein Verhalten nach seinem Marktwert als Produzent und Konsument bewertet.

Wie anders stellt sich die Sichtweise der heiligen Hildegard dar: Gott ist der Schöpfer des ganzen Kosmos, und sein Geist ist die lebendige Kraft, die alles belebt. Der Mensch ist als Ebenbild Gottes das bedeutendste Geschöpf, für den alles geschaffen ist. Die ganze Schöpfung hat ihm zu dienen, ist aber gleichzeitig mit ihm im Innersten verwandt.

Gott hat die Geschöpfe in den Menschen eingezeichnet. An anderer Stelle spricht Hildegard davon, dass der Mensch ein Kosmos im Kleinen, ein Mikrokosmos ist. Die Schöpfung ist also nicht nur ein Gegenüber, ein Lebensumfeld, das wir verantwortlich behandeln sollen, sondern dem wir auch wesensmäßig verbunden sind. Wir können die Vorgänge in der Natur auf unser Leben übertragen, uns in ihr wie in einem Spiegelbild auf vielfache Weise sehen und erkennen. Der Mensch ist aus den gleichen Elementen geschaffen wie die uns umgebende Natur: aus Erde und Wasser, aus Luft und Feuer. Dabei sind die Elemente Erde und Wasser die materiellen Anteile des Menschen, die Elemente Luft und Feuer entsprechen seinen geistigen Anteilen. Der Mensch hat seine „Erdung" durch die Verwandtschaft mit den Geschöpfen, seinen Halt und seine Bestimmung von oben durch die Beziehung zu Gott.

Wer mit ihr umgeht, erfährt aufregend neue Einsichten über den Menschen, seinen Ursprung, sein Wesen und seine Bestimmung in dieser Welt. Die heilige Hildegard war, wie sie selbst sagt, von Gott ausgestattet mit der Gabe der inneren Schau, indem sie mit den Augen ihrer Seele schaute und mit den inneren Ohren hörte. Sie spricht von sich als der „Posaune Gottes", die das tönt, was in sie hineingesprochen wird. Dieses Schauen hat sie aufgeschrieben und damit auch an uns weitergegeben. Es geht um ein inneres Sehen, das nicht an eine bestimmte Zeit gebunden ist, sondern aus dem überzeitlichen Wissen Gottes stammt.

Gott hat die Erde als Lebensraum des Menschen geschaffen, sie ist die „fabrica Dei", die Fabrik Gottes, in der jeder Mensch seinen Bereich des Wirkens hat. Mit Vernünftigkeit, Verstand und freiem Willen ausgestattet, ist er „ein Geschöpf, das selbst wieder schöpferisch tätig sein kann". Die anderen Geschöpfe stehen ihm helfend und dienend zur Seite. Weil der Mensch eingebunden ist in die Natur, ist er auch ihrem Wechsel unterworfen. In vorliegendem Buch wird die Betrachtung der heiligen Hildegard über die Monate und ihre Beziehung zum Menschen behandelt.

Im Kreislauf des Jahres wird die enge Verflochtenheit des Menschen mit den Monaten beschrieben, denn auch die Jahreszeiten sind im menschlichen Leben eingezeichnet. Genauso wie das Jahr einen Kreis beschreibt, vom Winter über den Frühling zum Sommer und dann wieder vom Herbst zum Winter, läuft das Leben des Menschen wie in einem Kreis ab. Der Mensch entsteht im Schoß der Mutter, gleichsam wie im Schoß der Erde, um zu wachsen und sich zu entfalten, zu blühen und zur Reife zu kommen, um dann am Ende seines Lebens wieder zur Erde zurückzukehren. Hildegard sieht im Charakter der jeweiligen Monate die Lebensalter, die verschiedenen Organe des Menschen, die geistigen Einstellungen und die Beziehung zu Gott. Sie beschreibt diese gegenseitigen Beziehungen sehr eindringlich und lebendig.

Allerdings darf Hildegards Lehre in keiner Weise mit Astrologie verwechselt werden. Der Geburtstag spielt überhaupt keine Rolle. Es ist also nicht so, dass der Mensch, der im Januar geboren ist, auch die Eigenschaften des Januars hätte, im Gegenteil, jeder Mensch durchläuft in seinem Leben die verschiedenen Phasen, wechselnde Gemütszustände und hat immer wieder andere Aufgaben zu bewältigen. Für all das finden wir eine Entsprechung im Ablauf des Jahres.

Diese Texte finden sich in ihrem Liber divinorum operum – Buch der göttlichen Werke – in der vierten Schau. Es ist das Alterswerk der heiligen Hildegard, das sie zwischen ihrem 65. und 75. Lebensjahr geschrieben hat.

Der Mensch und die Jahreszeiten

„So wie Gott die Geschöpfe in den Menschen
eingezeichnet hat,
so hat er auch die Zeiten des Jahres im
Menschen programmiert.

Die Eigenschaften des Sommers nämlich zeigt
er im wachenden Menschen,
der Winter gleicht dem schlafenden Menschen,
denn der Winter verbirgt auch in sich,
was der Sommer voller Freude
hervorbringt.

So wird auch der Mensch,
während er schläft,
durch den Schlaf gestärkt.
Dadurch wird er in seinen Kräften
zu jedem beliebigen Werk bereit
gemacht.

Auch die Eigenschaften und
Kräfte der Monate hat er ihm
eingeprägt."

In diesem Text fällt auf, dass Hildegard das moderne Wort „programmiert" verwendet. Gott ist somit der große Programmierer, der sowohl die „Software" entwickelt, als auch im Organismus als „Hardware" das Programm installiert. Dabei ist unser Organismus auf die jeweilige Jahreszeit programmiert. Es hängt scheinbar nicht davon ab, ob ich diesen Wechsel der Jahreszeiten wahrnehme oder ignoriere, ob ich mich im Winter im Freien bewege, die Kälte spüre oder in einem geheizten Raum lebe, ob ich die zunehmende Helligkeit im Frühjahr bei Tageslicht erlebe oder in einem dunklen Keller hause. Es gibt Untersuchungen, die beweisen, dass unser Blutdruck, unser Stoffwechsel, unser Hormonhaushalt und sonstige Reaktionen abhängig sind von den äußeren Umständen und von den kosmischen Konstellationen beeinflusst werden. Wir können das sicher so verstehen, dass in unseren Organen fest eingezeichnete Reaktionen ablaufen, die nicht veränderbar sind. Darunter sind vor allem die Vorgänge in unserem vegetativen System zu verstehen, die nicht von unserem Bewusstsein beeinflusst werden können. Wir werden uns umso wohler fühlen, je mehr wir diese Zusammenhänge beachten und respektieren.

Unsere moderne Welt mit ihren hoch technisierten Abläufen nimmt darauf allerdings keine Rücksicht. Das Bedürfnis des Menschen nach Ruhe ist zum Beispiel im Winter deutlich größer als im Sommer, wird aber in den Arbeitsabläufen der Industriegesellschaft ignoriert. Die modernen Medien und der heutige Lebensstil missachten den natürlichen Schlafrhythmus. Die heilige Hildegard weist darauf hin, wie notwendig der Schlaf ist, um die Kräfte wieder aufzufrischen.

Verstehen wir noch den realen und existenziellen Einfluss der natürlichen Vorgänge auf uns Menschen?
Bei der Betrachtung der Monatstexte der heiligen Hildegard werden wir begreifen lernen, wie wir von den Wurzeln unseres Daseins her mit allem Geschaffenen tief verwandt sind. „Auch die Eigenschaften der Monate hat Gott in den Menschen eingeprägt." Die Prägung bezieht sich auf vielerlei Bereiche, zum Beispiel auf das Alter, auf verschiedene Sinnesorgane und auf Verhaltensweisen. Leicht verständlich ist der Vergleich der Monate mit dem Alter des Menschen. Der Januar gleicht dem neugeborenen Kind, der Sommer dem Menschen in der vollen Lebenskraft, der Herbst dem Menschen in der Reifezeit und der Dezember dem Greis in den letzten Lebensjahren.

In der Besprechung der einzelnen Monate wird in jedem Kapitel zunächst der originale Hildegard-Text als Ganzes vorangestellt, um dann in einzelne Abschnitte unterteilt eingehend betrachtet zu werden.

Januar –
Monat des Neubeginns

Januar

„Im ersten Monat hebt sich die Sonne wieder aufwärts. Doch er zeigt sich frostig und feucht, ist in sich widersprüchlich und schwitzt das in weißen Schnee verwandelte Wasser aus. Seine Eigenschaften gleichen dem Gehirn, das sich als kühl und feucht darstellt. Es reinigt sich, indem es minderwertige Flüssigkeit absondert, und zwar durch die Augen, durch die Ohren und durch die Nasenlöcher.

So wirkt auch die Seele voller Freude in der Kindheit des Menschen, die weder Arglist noch fleischliche Lust kennt. Und die Seele wird nicht erschüttert, indem sie etwa gegen ihre Natur wirkt. In dieser Kindheit mit ihrer einfachen und unschuldigen Sehnsucht tritt die Seele als stark und mächtig hervor. Danach aber wird ihr die Freude der kindlichen Unschuld geraubt. Die Seele wird in große Traurigkeit gestürzt und gleicht einem Fremdling, der aus seiner Heimat vertrieben wurde. Die leiblichen Säfte im Menschen wachsen heran, und, indem er die Ausschweifung umarmt, wird er durch die Lust des Fleisches zu einem Befleckten gemacht. Dann liebt er die Leichtfertigkeit, vergisst Gott darüber, ergötzt sich an den Gelagen der Sünder und hat Freude an ihrem Treiben.

Denn so wie die Sonne im ersten Monat sich wieder aufwärtshebt, so ist die Seele im Kindesalter weder gebunden noch finster durch die Lust und die Folgen der Sünden. Durch dieses Handeln bekommt der Mensch schmutzige Sitten und verfällt der Eitelkeit, weil ihm die Heiligkeit des rechten Tuns entsprechend der Weisung Gottes fehlt.

Wenn der Mensch aber, berührt vom Heiligen Geist, über sich selbst weint, wird er gereinigt von der Hässlichkeit der Sünden und hingeführt zum lieblichsten Duft eines guten Rufes. So vermeidet er, das Gute nicht zu erkennen oder seiner überdrüssig zu werden."

„Im ersten Monat hebt sich die Sonne wieder aufwärts. Doch er zeigt sich frostig und feucht, ist in sich widersprüchlich und schwitzt das in weißen Schnee verwandelte Wasser aus. Seine Eigenschaften gleichen dem Gehirn, das sich als kühl und feucht darstellt. Es reinigt sich, indem es minderwertige Flüssigkeit absondert, und zwar durch die Augen, durch die Ohren und durch die Nasenlöcher."

Wie Lebenskraft und Vitalität zunehmen

Die Sonne steigt wieder aufwärts. Wenn die Menschen im November und Dezember wegen der Dunkelheit öfter an Depressionen leiden, so bringt die Sonne, unser Lebensgestirn, wieder zunächst unmerklich, Helligkeit in unser Leben. Ganz langsam werden die Schatten wieder kürzer. Und doch erscheint es so, als ob die Menschen auch im Januar mehr über die Dunkelheit klagen, als sich über die zunehmende Helligkeit zu freuen.

Erkältungen

Es ist eine beinahe humorvolle Betrachtungsweise, dass der Januar den Schnee ausschwitzt. Hildegard sieht darin eine Ähnlichkeit mit dem Gehirn, das feucht und kühl ist und Flüssigkeit absondert, und zwar durch die Augen, die Ohren und die Nase. Diese Vorstellung ist uns zunächst fremd, dass der Ursprung dieser Flüssigkeiten im Gehirn liegt. Wir sprechen ja auch davon, dass wir die Nase gestrichen voll haben, und meinen damit den Überdruss und den Widerwillen: Muss ich mir das alles wirklich anschauen, anhören und gefallen lassen? Das alles muss dann heraus aus Augen, Nase und Ohren.

Habe ich mir schon einmal die Frage gestellt, wann ich Schnupfen bekomme? Was schwächt meine Kräfte, sodass ich mich nicht gegen die Krankheit wehren kann? Diese und ähnliche Fragen stellen wir uns zuweilen. Ist es Stress oder Ärger, Überlastung oder zu wenig Schlaf?

Warum bin nur ich erkältet und die anderen Menschen in meiner Umgebung nicht? Oder stecke ich die anderen an? Ich selbst habe einmal erlebt, dass nach dem Besuch einer schönen Bildergalerie mein beginnender Schnupfen wie weggeblasen war. Mein Kopf war wieder klar.

Einen kühlen Kopf bewahren

„Das Gehirn ist kühl und feucht." In unserem Sprachgebrauch drücken wir das so aus: „Es ist gut, einen kühlen Kopf und klare Gedanken zu haben." Wenn uns das Blut zu Kopfe steigt und wir einen roten, heißen Kopf bekommen, dann kann man nicht mehr gut mit uns umgehen.

Ein Spaziergang durch den Winterwald kühlt den Kopf wieder ab und macht klare Gedanken. Auch am frühen Morgen nach dem Aufwachen verscheuchen einige tiefe Atemzüge an der frischen Luft den Mief des Schlafzimmers und machen uns frisch und fit.

Neues Leben in der Schöpfung

Das ist ein spannender tiefgründiger Text. Mit dem Aufsteigen der Sonne beginnt neues Leben in der Schöpfung. Mit jedem Kind beginnt eine neue Schöpfung. In der Christenheit wird nach der Wintersonnenwende das Fest der Geburt Jesu Christi gefeiert, das Erscheinen des Lichtes Gottes. In der orthodoxen Kirche findet das Weihnachtsfest am 6. Januar statt, 2 Wochen nach der Sonnenwende.

Die heilige Hildegard vergleicht daher den Monat Januar mit der Kindheit, in der die Seele voller Freude wirkt.

Ich hatte das Glück, etwa 20 Jahre lang mit Kindern psychotherapeutisch arbeiten zu dürfen. Die Kinder konnten wählen, was sie spielen wollten, und an mir lag es, dieses Spiel zu verstehen. Es ist ein wunderbares Erlebnis, sich in dieser Weise auf Kinder einlassen zu können. Kinder sind offen und vertrauensvoll. Mit Freude gehen sie auf alles zu, untersuchen es neugierig, interessiert und sind ständig auf Entdeckungsreise. Hildegard von Bingen hat wirklich recht, wenn sie sagt, dass die Seele im Kindesalter sehr stark ist. Dem Kind ist alles ins Gesicht geschrieben; man sieht ihm an der Nasenspitze an, was es denkt und was es fühlt. Auch wir Erwachsenen können mit den Kindern wieder neu erfahren, wie Gott uns mit allen Geschöpfen, mit der ganzen Welt beschenkt. Ein Käfer, eine Blume, ein Vogel werden wie ein Wunder begrüßt. Ich habe öfter erlebt, dass mir ein Kind voller Freude etwas gezeigt oder erzählt hat, wenn ich es nur freundlich angelächelt habe.

Verständnis zu haben für die Kinder heißt aber nicht, ihnen einen unbegrenzten Freiraum zu gewähren. Kinder brauchen eine geduldige aber konsequente Führung. Auch kleine Kinder können bereits Egoisten sein, wollen andere beherrschen und Macht ausüben, um ihre eigenen Wünsche durchzusetzen. Wenn wir als Erwachsene aber ehrlich sind, müssen wir zugeben, dass auch wir nicht frei sind von diesem negativen Verhalten. Das macht die Beziehungen zu unseren Kindern so schwierig. In meiner heilpädagogischen Ausbildung bekamen wir einen bedenkenswerten Satz auf den Weg: „Wir könnten erzogene Kinder gebären, wenn wir nur selber erzogen wären."

Aus meiner langjährigen Erfahrung weiß ich aber, dass die Kinder im Grunde selbst wissen, was gut und was böse ist. Kinder – genauso wie wir Erwachsene – stecken beständig in diesem Kampf, und der Ausgang ist offen.

UNSER EIGENES LEBEN WIRD HELLER UND FROHER, WENN WIR AN DIESER FREUDE DER KINDER AN SICH SELBST UND AN DER WELT TEILNEHMEN KÖNNEN.

WIR MÜSSEN DEN KINDERN UND UNS SELBST DABEI HELFEN, DASS DAS GUTE SIEGT.

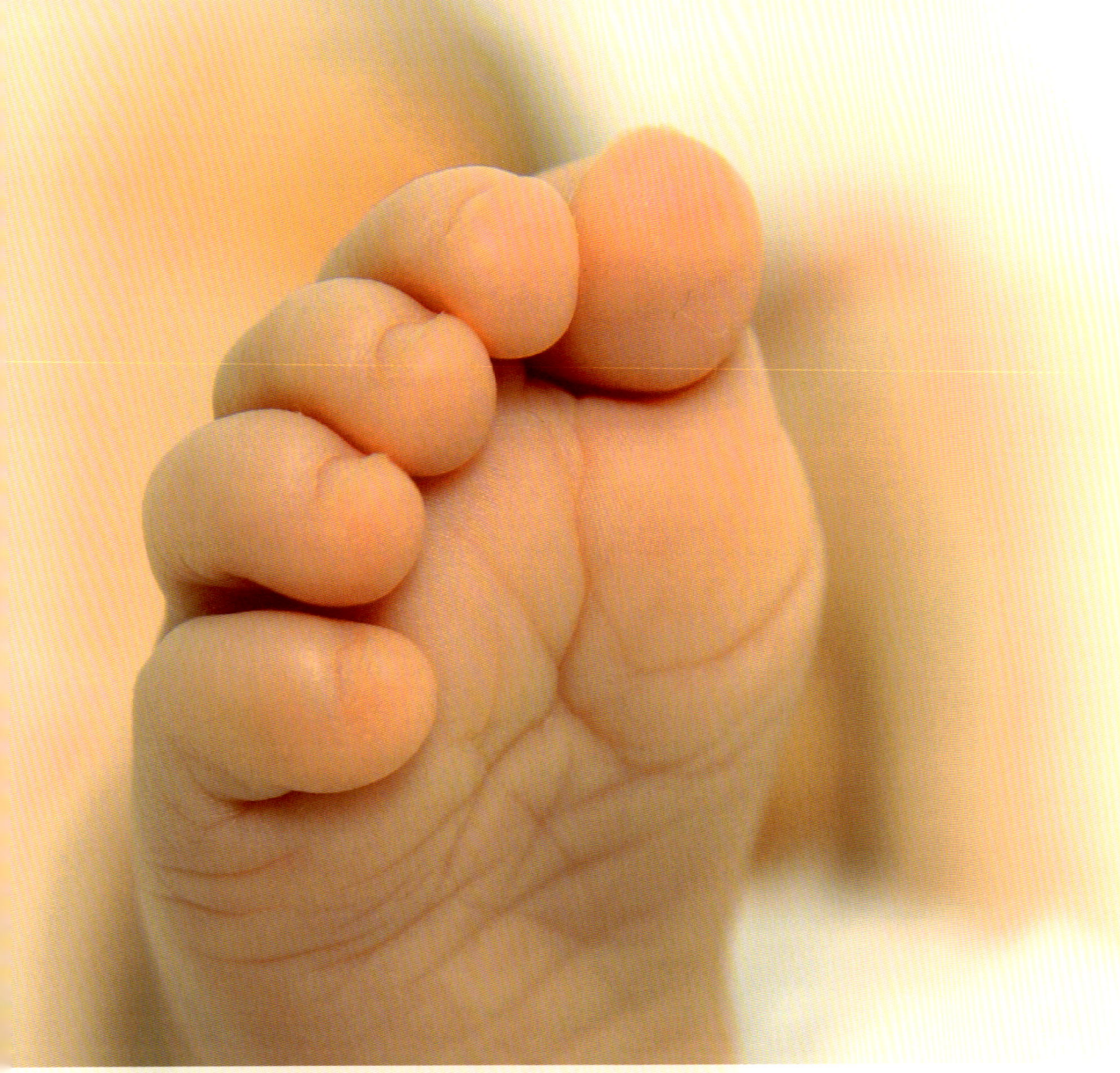

„So wirkt auch die Seele voller Freude in der Kindheit des Menschen, die weder Arglist noch fleischliche Lust kennt. Und die Seele wird nicht erschüttert, indem sie etwa gegen ihre Natur wirkt. In dieser Kindheit mit ihrer einfachen und unschuldigen Sehnsucht tritt die Seele als stark und mächtig hervor."

Suche nach Lebenssinn

„Danach aber wird ihr (der Seele) die Freude der kindlichen Unschuld geraubt. Sie wird in große Traurigkeit gestürzt und gleicht einem Fremdling, der aus seiner Heimat vertrieben wurde. Die leiblichen Säfte im Menschen wachsen heran, und, indem er die Ausschweifung umarmt, wird er durch die Lust des Fleisches zu einem Befleckten gemacht. Dann liebt er die Leichtfertigkeit, vergisst Gott darüber, ergötzt sich an den Gelagen der Sünder und hat Freude an ihrem Treiben.

Denn so wie die Sonne im ersten Monat sich wieder aufwärtshebt, so ist die Seele im Kindesalter weder gebunden noch finster durch die Lust und die Folgen der Sünden. Durch dieses Handeln aber bekommt der Mensch schmutzige Sitten und verfällt der Eitelkeit, weil ihm die Heiligkeit des rechten Tuns entsprechend der Weisung Gottes fehlt."

Es kommt der Tag, an dem die Freude der Kindheit stark beeinträchtigt und erschüttert wird. Die Freude der kindlichen Unschuld wird geraubt und der junge Mensch meint, aus seiner Heimat vertrieben zu werden. Eine große Traurigkeit überkommt ihn.

Kann man das verhindern? Leider nein. Kein Mensch kann diesem Schicksal entrinnen. Mit diesem Text wird die Pubertät angesprochen, die die Kindheit endgültig beendet. Das kindliche „Ich bin einfach nur da" verschwindet, und wir können es nicht aufhalten. Offenbar sind wir nicht dazu da, im Paradies zu leben, sondern um eine Aufgabe zu erfüllen.

Im Text der heiligen Hildegard wird ganz klar die große Erschütterung der Pubertät beschrieben: Der junge Mensch wird sich selbst zu einem Rätsel, er fragt nach seinem Woher und Wohin und nach dem Sinn des Lebens. Die Sexualität bricht mit Macht in sein Leben ein. Das Erleben der sexuellen Lust bringt ihn in große Nöte, er „umarmt die Lust", gerät in die Ausschweifung und in schmutzige Sitten. Das Bedürfnis nach Umarmung, nach liebevollem Angenommensein ist ein Urtrieb in der ganzen Schöpfung. Hildegard sagt: „Jedes Geschöpf sehnt sich nach liebender Umarmung." Es ist sicher kein einfacher Weg, im Drang der aufbrechenden Sexualität sich nicht von der Ausschweifung umarmen zu lassen und die Grenzen nicht zu überschreiten.

Angesichts der überschäumenden Triebe erinnert die heilige Hildegard daran, dass auch in den Zeugungsorganen die Vernunft blüht, sodass der Mensch weiß, was er zu tun und zu lassen hat.

Wer aus diesen Texten eine Prüderie der heiligen Hildegard herauslesen möchte, wird beim näheren Kennenlernen ihres Werkes eines Besseren belehrt. Sie hat keine Scheu vor der Geschlechtlichkeit des Menschen, ganz im Gegenteil, sie spricht offen davon.

Hildegard erinnert uns daran, dass die Seele des Kindes wie die wieder aufsteigende Sonne im Januar ist. Sie strebt dem Lichte Gottes entgegen und hat das innere Wissen um die Weisungen Gottes. Sie ist „weder gebunden noch finster" durch schmutzige Sitten und durch Eitelkeit.

Das junge Jahr hat wie das Kind die Nähe zum Ursprung, zu Gott als der Quelle der Weisheit und des Lebens. Seine Weisungen sind die Gesetze, die Leben erst möglich machen.

Besinnung

Die Tage werden länger, die Sonne scheint wieder häufiger und intensiver. Es wird wieder heller um uns. Wenigstens äußerlich. Lassen wir das Licht auch in uns wachsen.

Sind unsere Augen wach und offen, um dies wahrzunehmen? „Wenn es in dir dunkel ist, sieh nach, ob deine Läden geschlossen sind."
Die innere Helligkeit hängt davon ab, wie weit der Glanz des Himmels die Seele erfüllt.

Übung

Nach dem Aufstehen schafft es einen klaren Kopf, wenn ich ganz bewusst mit tiefen Atemzügen frische Morgenluft ein-atme. So hat der Tag einen guten Start.

An klaren Tagen blicke ich auf die aufge-hende Sonne und danke Gott für dieses Tagesgestirn, das unser Leben auf dieser Erde erst möglich macht.

Ich gehe in der klaren, frischen Winter-luft spazieren, aufrecht, ohne eingezo-gene Schultern, die Hände nicht in den Taschen vergraben, lasse die Arme frei schwingen im Rhythmus des Gehens. So kann ich auch den Mief der schwarzen Gedanken verjagen.

Februar –
Reinigung und Wachstum

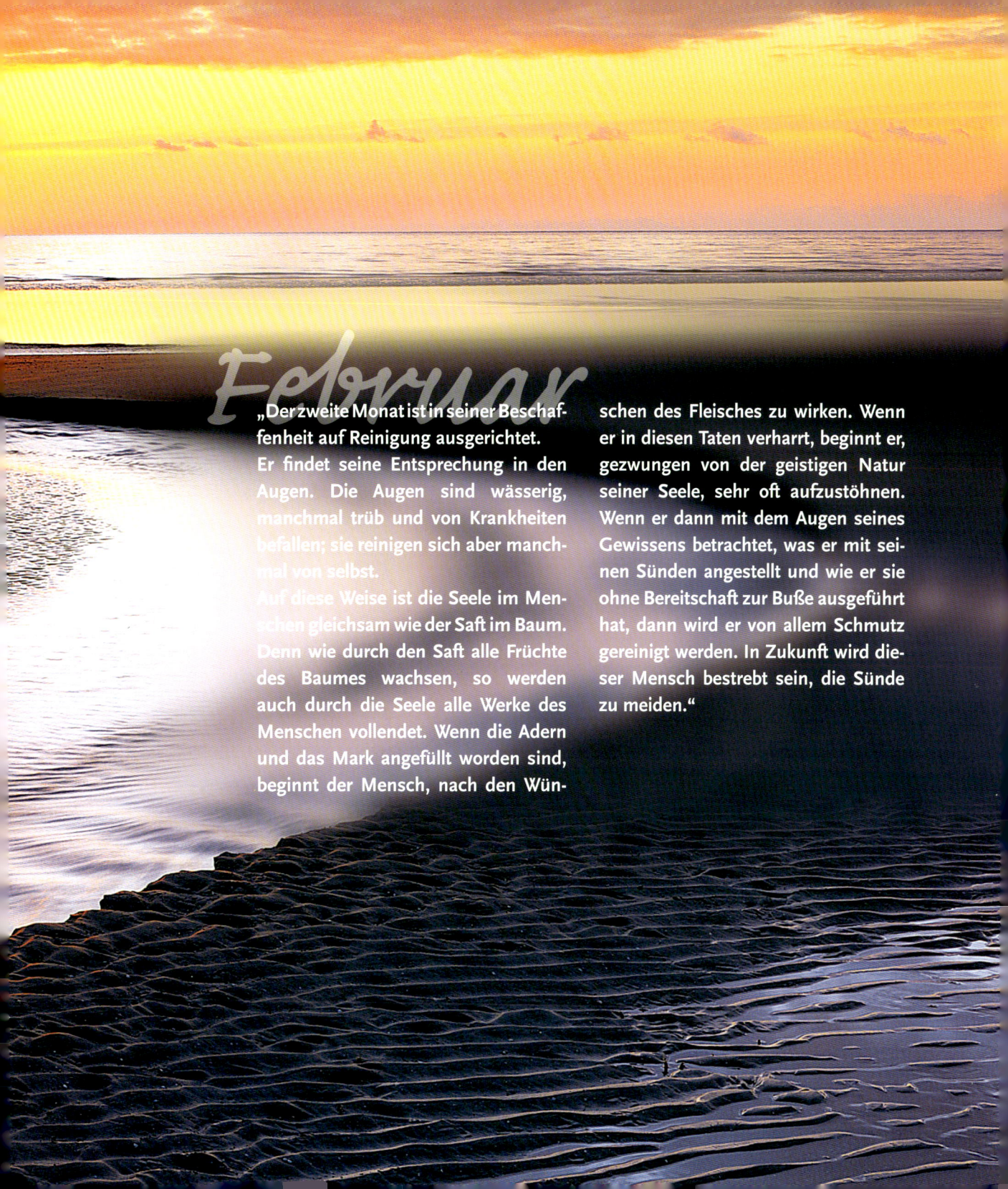

Februar

„Der zweite Monat ist in seiner Beschaffenheit auf Reinigung ausgerichtet.

Er findet seine Entsprechung in den Augen. Die Augen sind wässerig, manchmal trüb und von Krankheiten befallen; sie reinigen sich aber manchmal von selbst.

Auf diese Weise ist die Seele im Menschen gleichsam wie der Saft im Baum. Denn wie durch den Saft alle Früchte des Baumes wachsen, so werden auch durch die Seele alle Werke des Menschen vollendet. Wenn die Adern und das Mark angefüllt worden sind, beginnt der Mensch, nach den Wünschen des Fleisches zu wirken. Wenn er in diesen Taten verharrt, beginnt er, gezwungen von der geistigen Natur seiner Seele, sehr oft aufzustöhnen. Wenn er dann mit dem Augen seines Gewissens betrachtet, was er mit seinen Sünden angestellt und wie er sie ohne Bereitschaft zur Buße ausgeführt hat, dann wird er von allem Schmutz gereinigt werden. In Zukunft wird dieser Mensch bestrebt sein, die Sünde zu meiden."

Schmutz wegwaschen

Das Thema des Monats Februar ist das Element Wasser. Stellen wir uns den Monat Februar einmal vor: Die Härte des Monats Januar ist gebrochen, wenn wir auch durch die Wetteranomalien der letzten Zeit verschiedene Irritationen erleben. Der Schnee schmilzt und nimmt den Schmutz des Winters ebenso mit wie der Regen, der den gefrorenen Boden durchfeuchtet, aufweicht und dadurch reinigt. Alles, was bisher auf dem harten Boden liegen blieb, kann jetzt abfließen. Wer gerne in der Natur mit offenen Augen spazieren geht, sieht am Ende des Winters nicht nur die Exkremente der Tiere, sondern auch alte Früchte und Blätter auf den Wegen liegen. Wenn es zu tauen beginnt, wäscht der Regen allen Unrat weg. In diesem Sinne sagt die heilige Hildegard, dass dieser Monat auf Reinigung ausgerichtet ist.

Feuchte Augen sind gesunde Augen

Mit Erstaunen hören wir, dass dieser Monat seine Entsprechung in den Augen findet. Die Augen müssen feucht und wässerig sein und

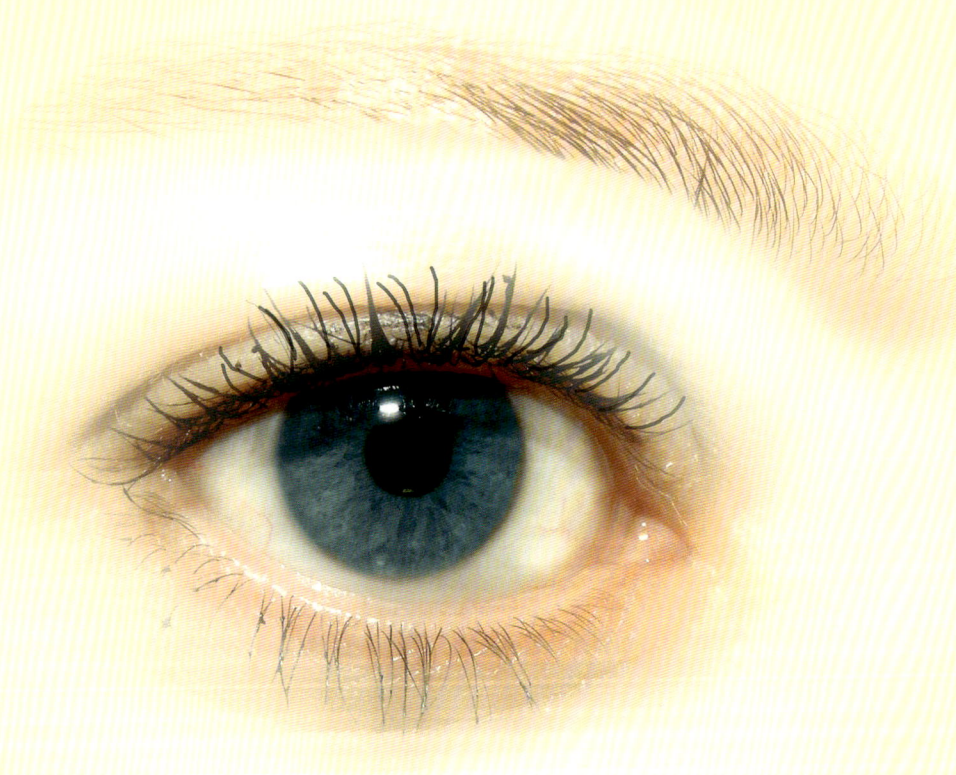

sondern ständig eine Feuchtigkeit ab, die durch den Tränenkanal abfließt. Die Augen sind ein Sinnesorgan, das sich selbst reinigt, indem sie triefen oder auch eitern. Für triefende Augen hat Hildegard ein schönes Rezept: Früh am Morgen, wenn die Rosenblätter noch feucht sind vom Tau, soll man sie auf die Augen legen. Sie ziehen das Triefen heraus und lassen die Augen klar werden. Die Augen zeigen auch den Gesundheitszustand des Menschen an. In ihrem heilkundlichen Werk „Causae et Curae" – von den Ursachen und der Behandlung von Krankheiten – schreibt Hildegard:

„Wenn der Mensch helle, klare und durchsichtige Augen hat, ist er gesund und besitzt die Kennzeichen des Lebens."

Zu trockene Augen schmerzen, und der Mensch sieht nicht mehr gut. Hildegard empfiehlt, man solle auf eine grüne Wiese hinausgehen und sie so lange anschauen, bis die Augen wie vom Weinen nass werden. Das Grün zieht das Wasser wieder in die Augen. Wie der Hildegard-Arzt Dr. Hertzka sagte, ist diese Wirkung auch aus heutiger medizinischer Sicht zu erklären, weil das Grün den Augeninnendruck erhöht. Diese Erkenntnis wurde in der Pädagogik umgesetzt, indem man Schultafeln nicht mehr schwarz, sondern grün machte.

Augen, um zu sehen

Hildegard von Bingen bleibt mit ihrer ganzheitlichen Sicht des Menschen aber nicht bei der Beschreibung des Organs Auge und seiner Funktion stehen, sondern fragt nach der Bedeutung des Auges. Was will ich sehen, was ist für mich wichtig? Wie oft schaue ich weg, weil ich sonst etwas tun müsste? Das Fernsehen überschwemmt uns mit Bildern, auch mit Bildern der Not, bei denen wir nicht helfen können. Das stumpft ab, trocknet die Seele und die Augen aus. Man sieht viel, schaut aber nicht mehr hin.

Die Reinigung der Gedanken fängt beim Sehen an. Wir treffen eine Auswahl, entscheiden darüber, was durch das Sehen in unseren Geist eindringen darf. Die Medien bieten heute nicht nur Bilder der Not an, sondern zeigen viel Hässliches und Böses. Fürchterlich und erschreckend ist die große Zahl von Menschen, die die sexuelle Misshandlung von Kindern in pornographischen Filmen anschauen.

Mir fällt auf, dass auch bei Kindersendungen viele hässliche Fratzen gezeigt werden, die sich dann tief in die weiche Seele der Kinder einprägen. Ich weiß persönlich von Kindern, die von ähnlichen Postern im Kinderzimmer Alpträume und Angstzustände bekommen. Wir haben die Wahl und wir haben die Verantwortung für das, was wir uns anschauen. Viele, vor allem ältere Menschen, klagen darüber, wie viele schlimme Dinge doch im Fernsehen gezeigt werden. Scheinbar erstaunt sind sie dann, wenn ich sie darauf hinweise, dass der Apparat eine Vorrichtung zum Ausschalten hat.

„Du hast Augen, damit du sehen und alles überschauen kannst.
Wo Schmutz ist, wasche ihn ab, was dürr ist, lass grün werden
und sorge, dass deine Gewürze schmackhaft sind.
Wenn du keine Augen hättest, könntest du dich entschuldigen.

Der Mensch sieht mit den Augen, was er durch die Weisheit versteht,
und er erfasst es durch Hören, Riechen, Schmecken.
Was aber in seinem Herzen sich sammelt,
das weiß er durch Erkennen und schaut dies nicht mit den Augen."

In diesem poetischen Text fordert uns Hildegard von Bingen mit eindringlichen Bildern aus der Natur zum Handeln auf.

Wieder wird die Reinigung als Erstes genannt: Wo Schmutz ist, wasche ihn ab. Hier ist sicher nicht in erster Linie der Schmutz gemeint, den man mit dem Lappen wegwischen kann: Es ist der Schmutz in der Gesinnung, in der Beziehung zwischen Menschen, in unseren Taten. Nach dieser Reinigung kann all das wieder grün und lebendig werden, was dürr und vertrocknet war. Das Leben soll wieder einen guten Geschmack bekommen, deshalb: Sorge dafür, dass deine Gewürze schmackhaft sind.

Die Seele ist wie der Saft im Baum

„Auf diese Weise ist die Seele im Menschen gleichsam wie der Saft im Baum. Denn wie durch den Saft alle Früchte des Baumes wachsen, so werden auch durch die Seele alle Werke des Menschen vollendet."

Der Monat Februar mit den aufsteigenden Säften wird auch verglichen mit dem Wirken der Seele im Leib. Es ist ein geheimnisvoller Vorgang, wie eine unsichtbare Lebenskraft den Saft nach oben treibt. Wir können den Saft nicht sehen, wir wissen nur, dass ein dürrer Ast, der nicht mehr von Saft durchströmt ist, leblos ist. Der Saft lässt den Baum wieder langsam ergrünen, er entfaltet Zweige und Blätter und wächst in die Höhe und Breite. Aus den Blüten treiben dann die Früchte.

In derselben Weise sieht die heilige Hildegard das Wirken der Seele im Leib. Die Seele als die unsichtbar wirkende Kraft im Leib ist die Lebensenergie schlechthin.

Mit den geistigen Kräften der Vernunft und des Willens kann er zusammen mit den Fähigkeiten des Leibes großartige Werke vollbringen, die dann den Früchten des Baumes entsprechen. „Die Seele wirkt im Leib und durch den Leib."

GENAUSO WIE SICH DER BAUM ENTFALTET, WÄCHST AUCH DER MENSCH IN DEN VERSCHIEDENEN LEBENSALTERN ZU IMMER GRÖSSERER REIFE HERAN.

Im Verlauf der Monatsbetrachtungen wird uns immer wieder das Wirken der Seele in ihrem Leib mit jeweils neuen Aspekten begegnen. Aus diesen Mosaiksteinen formt sich dann vielleicht ein Gesamtbild auch für uns moderne Menschen, die sich mit dem Begriff der Seele sehr schwer tun.

Das Auge des Gewissens

In spannender Weise werden die natürlichen Vorgänge von der heiligen Hildegard in die geistig-seelische Dimension hinein weitergeführt. Der Charakter des Monats Februar verweist zunächst auf die Reinigung, dann auf das Auge und weiterhin auf die Seele, die wie der Saft im Baum wirkt.

Diese drei Elemente werden in folgendem Text auf das geistige Leben übertragen.

„Wenn die Adern und das Mark angefüllt worden sind, beginnt der Mensch, nach den Wünschen des Fleisches zu wirken. Wenn diese Taten fortgeschritten sind, beginnt er, gezwungen von der geistigen Natur seiner Seele, sehr oft aufzustöhnen. So bemüht er sich, sie künftig zu meiden, indem er mit dem Auge seines Gewissens beherzigt, wie er in seine Sünden hineingeraten und wie er sie ohne Bereitschaft zur Buße ausgeführt hat. Auf diese Weise wird er von allem Schmutz gereinigt werden."

In kraftvoller Weise strömt der aufsteigende Saft im Baum und treibt viele grüne Blätter aus. Das löst bei uns Freude und Wohlbefinden aus. In der gleichen Weise nehmen wir an, dass der von Lebenskraft strotzende Mensch sich genauso voll und freudig entfalten kann. Nun kommt in dem Text eine eigentümlich negative Wendung, nämlich dass der Mensch beginnt, nach den Wünschen des Fleisches zu wirken. Es gibt offenbar im Menschen einen Zwiespalt: Sobald er sich seiner Kraft und Möglichkeiten bewusst wird, gerät er in die Gefahr der Überheblichkeit, des Übermuts, des Egoismus und der Eigenmächtigkeit. Er tut dann einfach das, wozu er Lust hat, ohne zu fragen, ob es richtig und gut ist. Wir sind eben nicht einfach nur ein Baum.

*GESUNDHEIT KANN DANN SEHR GE-
FÄHRLICH SEIN, WENN SIE DEN MEN-
SCHEN ZUR WILLKÜR VERLEITET UND
IHN GLAUBEN MACHT, ER DÜRFE ALLES
TUN, WAS ER NUR WOLLE.*

Hildegard spricht dann davon, dass der Mensch sich selbst nicht mehr gefällt. Wenn wir Glück haben, merken wir, dass irgendetwas mit uns nicht in Ordnung ist. Heute haben wir durchaus auch die Möglichkeit, uns durch Medikamente, Urlaub oder Wellness über den wirklichen Zustand hinwegzutäuschen. Aber der Mensch beginnt dann, „gezwungen von der geistigen Natur seiner Seele, sehr oft aufzustöhnen". Wenn der Mensch seinem eigentlichen Wesen und seiner Bestimmung zuwiderhandelt, stöhnt die Seele auf und bereitet körperliche Probleme.

Das Auge des Gewissens sieht mit dem inneren Wissen, der inneren Weisheit, wie der Mensch sich selbst schadet, und erinnert ihn daran, seine falschen Wege zu verlassen. Es gibt allerdings auch die Möglichkeit, diese innere Stimme zu übertönen oder sogar totzuschlagen. Gott spricht: *„Ich habe mein Gesetz in euer Herz gepflanzt."*

Wenn der Mensch dieses unklare Unwohlsein als Signal versteht, sein Leben zu hinterfragen, dann überlegt er, wie das alles begonnen hat.

Mit Einsicht und gutem Willen versucht er, seine schlechten Taten zu meiden. Das ist aber nicht ganz einfach, weil so eine Umkehr nicht auf einmal gelingt, sondern auf lange Zeit geübt werden muss. Ein Verhaltensmuster zu ändern, aus einer schlechten Gewohnheit oder gar einer Sucht auszusteigen, braucht viel Kraft und Zeit. Wir sind oft Gefangene einer Gewohnheit. Es führt nicht weiter, sich selbst oder andere zu moralisieren oder zu entmutigen. Die heilige Hildegard hört für solche Situationen das ermutigende Worte des himmlischen Vaters: *„Ich weiß, du bist ein schwaches Gefäß, deshalb will ich mit dir mitleiden und dir helfen."* Ich darf mich also selbst nicht verurteilen. Lassen wir uns von Gott seine liebende Fürsorge zusprechen. *„Auf diese Weise wird der Mensch von allem Schmutz gereinigt werden."*

Das innere Sehen

Versuchen wir, uns behutsam an das visionäre Schauen der heiligen Hildegard heranzutasten. Sie lebte ihr ganzes Leben in der Wahrnehmung des göttlichen Lichtes, wie sie es an vielen Stellen ihres Werkes immer wieder bezeugt. In diesem seherischen Habitus wurde ihr der innerste Sinn der heiligen Schriften erleuchtend klar. Sie betont immer wieder, dass sie nicht aus sich selbst spricht, sondern nur das tönt, was in sie hineingesprochen wird. Sie schaut mit den Augen ihrer Seele und hört mit dem inneren Ohr.

Sie weiß, dass wir oft wie blind sind, weil wir uns von den äußerlichen Dingen blenden lassen. Wir haben oft nicht den Durchblick. Deshalb sind wir dankbar dafür, dass es große und von Gott erfüllte Menschen gibt wie die heilige Hildegard, die uns an die Hand nehmen und uns näher an Gott heranführen können.

„Gott will dich, doch du verschließest deine Augen vor ihm.
Wenn du willens bist, zu Gott zu eilen, wird er dir helfen."

Gott will mich – aber will ich zu Gott kommen? In diesem kurzen Text kommt zweimal das Wörtchen „will" vor. Der Weg zu Gott beginnt mit meiner Entscheidung für ihn. Alles Weitere kann ich dann ihm überlassen, denn er wird mir helfen. Mit einer absoluten Sicherheit spricht uns die Seherin Hildegard die Hilfe Gottes zu, wenn wir die Augen für Gott öffnen. Der Blick auf Gott ist ein Blick der Liebe, die Licht in unser Leben bringt.

„Der Mensch soll ihn, den Hohen, Lebendigen schauen ohne irgendeine Umschattung der Liebe.
Der Mensch, der so auf Gott schaut, richtet wie ein Adler sein Auge auf die Sonne."

Besinnung

Können Sie sich vorstellen,
wie das geht, den Blick nach
innen zu richten?
Viele Meditationstechniken wollen
uns das heute näherbringen.
Wen oder was treffe ich an,
wenn ich auf mich selber schaue?
Selbst viele gläubige Menschen
beklagen, dass sie beim Gebet
ständig abgelenkt werden.
Gedanken jagen einander
und Sorgen bestürmen mich.

Zeit und Konzentration sind
notwendig, um sich zu sammeln,
um das Gerümpel des Alltags
beiseitezuräumen.
Die Blickrichtung ist wichtig.
Wer Gottes Liebe und Licht
erfahren will, dem wird es auch
geschenkt werden.

März –
der Unruhestifter

März

„Der dritte Monat, der als ein Unruhestifter erscheint, bringt Stürme mit sich und birgt in sich die Gefahr von Seuchen. Durch das Blasen der verschiedenen Winde bewegt er auch alle Keimlinge der Erde. Man kann darunter auch die Ohren verstehen, in denen der Schall aller nützlichen und unnützen Dinge gehört wird. Und durch diese wird der ganze Leib in Bewegung versetzt.

Auf ähnliche Weise hat auch die Seele eine Auseinandersetzung mit den Kräften der leiblichen Natur, weil sie den Leib belebt und durchströmt und mit ihm gleichsam wie mit Gefäßen verflochten wird.

Der Mensch ist dann in der Mitte seiner Jugend einem Baume ähnlich, der zuerst unreife Feigen, später aber reife Früchte hervorbringt. Denn der Mensch ist den Stürmen ruheloser Sitten ausgesetzt, wenn er begreift, wozu er fähig ist, weil sein Mark schon fett ist und seine Adern voll sind. Und dann hat die Seele in ihm eine wehklagende und jammernde Stimme, weil der Schmerz über ihre Sünden mehr und mehr zunimmt. Denn die Seele ist ja jenes Leben im Menschen, das alles in ihm bewegt.

Jener Mensch aber ist, mehr als recht wäre, begierig nach Geltung und Anerkennung, und, indem er meint, immer der Klügere zu sein, ist er sehr unverständig; in seiner Verwegenheit und in seinem Stolz eitert er wie eine faulende Wunde. Er lässt sich zur Lüge verführen, wenn er wegen seines Verhaltens den ehrbaren und guten Namen nicht erreichen kann, den er so sehr anstrebt.

Daher wird die Seele traurig und sie beklagt sich, denn es fallen sowohl die guten als auch die schlechten Dinge auf sie zurück, weil durch ihre (der Seele) Kräfte alles ausgeführt wird, so wie auch in den Ohren alle nützlichen und unnützen Dinge widerhallen. Die Aufgeblasenheit (Geschwulst) des jugendlichen Gemütes wird dadurch zusammengedrückt und durch die Gnade Gottes zu einer besseren Haltung bekehrt, indem der Mensch seine Sünden bessert. Sie (die Seele) ist nämlich das 'Häuchlein', das Gott in den Lehm der Erde entsandte. Und wenn die Seele früher traurig war, dann bläst sie nun wie ein Wind durch die nützlichen und unnützen Dinge hindurch. Da aber bewegt ihn (den Menschen) die Seele wegen der bösen und unnützen Werke zur Buße; wegen der guten und nützlichen Werke aber lässt ihn die Seele sich erfreuen, als ob er im Paradies wäre."

Die Keime der Erde kommen in Bewegung

Der März wird als ein Unruhestifter beschrieben, der nach der scheinbaren Leblosigkeit des Winters in der Natur wieder vieles in Bewegung bringt. Die bisher ruhenden Keime regen sich, die guten und die weniger guten. Wer es nicht verlernt hat, mit der Natur zu leben und diese Vorgänge aufgeschlossen zu beobachten, wird immer wieder überwältigt sein von der gewaltigen Keimkraft der Schneeglöckchen, die auch eine dicke Schneedecke durchstoßen. Wenn nach langen und kalten Wintermonaten sehr schnell die Wärme ins Land kommt, werden wir förmlich überwältigt vom satten Grün leuchtender Frühlingsblumen. Wir selbst fühlen uns wieder aktiver, und mit der aufbrechenden Natur wächst auch wieder die Lebensfreude.

Unruhestifter nennt Hildegard von Bingen diesen Monat und reißt uns damit aus unseren harmonisierenden Gedanken. In der Ruhe gestört zu werden, in der wir uns so gemütlich eingerichtet hatten, erzeugt Angst und Widerstand. Überall, wo Leben ist, kann es auch lebensgefährlich werden. Die von Hildegard angesprochenen Frühjahrsstürme zeigen uns wie im Spiegel, was sich manchmal in unserem Inneren ereignet; sie spiegeln uns jene Zeiten, in denen Unruhe in unserem Leben aufzieht, wo Neues aufbricht, neue Gedanken und neue Ideen und ein neuer Lebensabschnitt beginnt.

Im obigen Text wird auch die Gefahr von Seuchen genannt, weil mit der Wärme auch Krankheitskeime virulent werden. Wenn wir durch die moderne Medizin zwar viele Seuchen eingedämmt haben, so breiten sich im Frühjahr durch den Pollenflug beinahe seuchenartig die Allergien aus, von denen immer mehr Menschen betroffen werden.

„Der dritte Monat, der als ein Unruhestifter erscheint, bringt Stürme mit sich und birgt in sich die Gefahr von Seuchen. Durch das Blasen der verschiedenen Winde bewegt er auch alle Keimlinge der Erde."

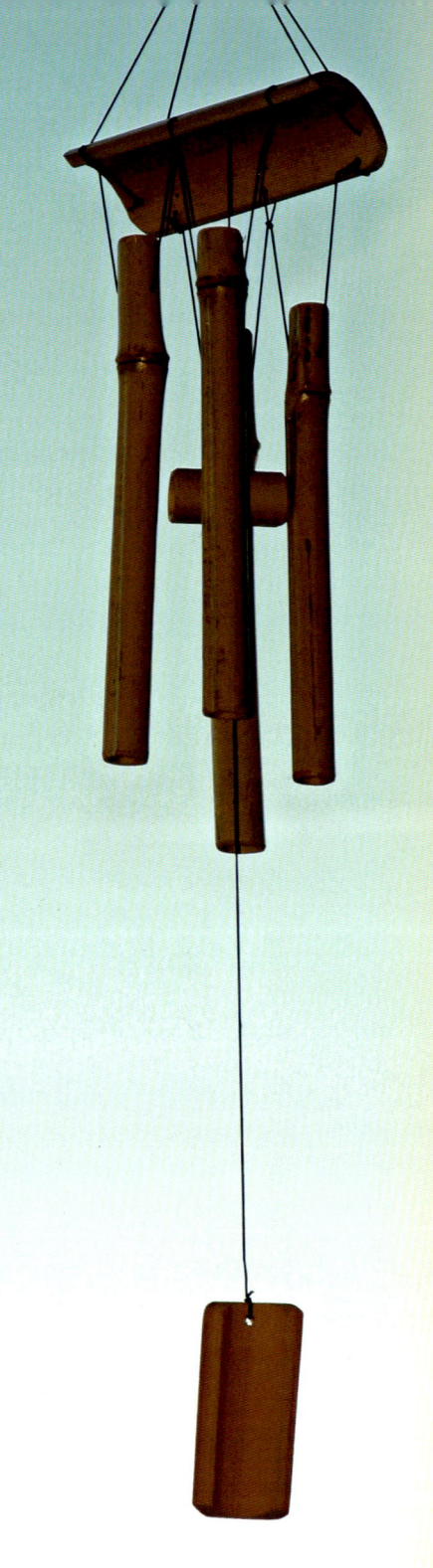

Vom Ohr in die Seele

Die Lebenskeime werden durch das „Blasen der Winde" in Bewegung gebracht. Die bewegte Luft trägt die Schallwellen an das Ohr. Deshalb wird das Ohr in diesem Monat besprochen.

„Man kann darunter auch die Ohren verstehen, in denen der Schall aller nützlichen und unnützen Dinge gehört wird. Und durch diese wird der ganze Leib in Bewegung versetzt. Auf ähnliche Weise hat auch die Seele eine Auseinandersetzung mit den Kräften der leiblichen Natur, weil sie den Leib belebt und durchströmt und mit ihm gleichsam wie mit Gefäßen verflochten wird."

Die Ohren sind neben den Augen das wichtigste Sinnesorgan. Diese beiden Sinnesorgane unterstützen sich gegenseitig im täglichen Leben. Es ist eine allgemeine Erfahrung, dass die mitmenschlichen Beziehungen maßgeblich durch das Hören beeinflusst werden.

ÜBER DAS HÖREN WERDEN GEMÜT UND GEFÜHL VIEL STÄRKER BEWEGT ALS DURCH DAS SEHEN. EIN GUTES WORT LÄSST MICH AUFATMEN, MACHT MICH FROH UND GIBT MIR NEUE ENERGIE.

Wir alle aber wissen, wie tief uns böse Worte treffen können und manchmal ein ganzes Leben lang nicht mehr loslassen. Hildegard sagt sogar, dass der Mensch durch das Gehörte gesund oder krank gemacht wird.

Eine Besonderheit des Ohres ist, das wir es nicht schließen können wie das Auge. Wir sind all dem wehrlos ausgeliefert, was über die Schallwellen an unser Ohr dringt. Nützliche und

unnütze Dinge, Erfreuliches und Bedrückendes, harmonische Musik und krank machender Lärm – all das dringt in unser Ohr ein und damit in unsere Seele. Wir sprechen heute von einer „Geräuschkulisse", die den modernen Menschen umgibt: Autos, Flugzeuge, Maschinen, lautstarke Musik in Discos, Gaststätten und Kaufhäusern, ständige Beschallungen der Wohnungen durch Radio und Fernsehen. Es verwundert deshalb nicht, dass immer mehr Menschen einen Hörsturz erleiden.

Wenn die heilige Hildegard vom Blasen der Winde spricht, fällt mir das Wort „Ohrenbläserei" ein. Damit ist im landläufigen Sinne der Tratsch, dass Verbreiten von Lügen und Verleumdungen gemeint. Solches Tun vergiftet nicht nur den Geist des Verleumders, sondern bringt viel Leid und Krankheit über den Betroffenen.

Diese seelischen Belastungen haben leibliche, körperliche Folgen, weil die Seele „den Leib belebt und durchströmt und mit ihm gleichsam wie mit Gefäßen verflochten wird". Diese Verknüpfungen sind uns fremd geworden, wenngleich wir dies in unseren persönlichen Erfahrungen ganz deutlich spüren.

Vergleich mit der Jugendzeit

Die Jugendzeit, die sogenannte Pubertät, ist für alle Beteiligten eine schwierige Zeit. Die Stürme der Jugend sind zu vergleichen mit den Frühjahrsstürmen. Die Entwicklung vom Kind hin zum geschlechtsreifen Menschen wühlt den jungen Menschen bis in den Kern seiner Persönlichkeit auf. Wenn Hildegard von Bingen davon spricht, dass sein Mark schon fett ist und seine Adern voll sind, so ist das wohl ein treffender Ausdruck für die erwachende Sexualität. Gleichzeitig wächst ein neues Bewusstsein, und das selbstverständliche Dasein des Kindes verschwindet. Wer bin ich eigentlich und was soll aus mir werden? Der junge Mensch ist innerlich unsicher und grenzt sich vor allem gegen die Erwachsenen ab. Er weiß noch nicht, wer er werden soll, weiß aber nur, dass er nicht so werden will wie die Eltern. Er ist ruhelos, unausgeglichen, großsprecherisch; die Jungen werden ruppig, die Mädchen extrem empfindlich und sie wissen alles besser. Hildegard spricht im folgenden Text von einer Aufgeblasenheit und von einem Geschwulst. In Bayern kennt man den Ausdruck, dass einer geschwollen sei, wenn er mehr aus sich macht, als er tatsächlich ist. Er spürt genau, dass er den Anspruch, den er an sich selber hat, nicht erfüllen kann und scheut auch vor Lügen nicht zurück.

Diese Zeit ist nicht nur für den Jugendlichen selbst, sondern für alle, die mit ihm leben, äußerst anstrengend. Für Eltern und Erzieher ist es einerseits wichtig, die Gründe für dieses Verhalten zu verstehen, andererseits aber klare Grenzen zu setzen, wo es um die Achtung vor der Würde des anderen geht. Ich darf als Erwachsener nicht alles mit mir machen lassen.

DIE JUGENDLICHEN PRÜFEN DIE STANDFESTIGKEIT DER ERWACHSENEN, SIE WOLLEN AN IHNEN UND AUCH GEGEN SIE GROSS WERDEN.

Diese Zeit ist eine existenzielle Anfrage an die Erwachsenen, an die Echtheit ihrer Lebenseinstellung und an die Standfestigkeit ihrer Haltung. Unser Professor am heilpädagogischen Seminar sagte zu uns mit einem Schmunzeln: „Meine Damen und Herren, verhalten wir uns unseren Kindern gegenüber so, als ob wir erwachsen wären." Er erinnerte uns damit daran, dass das Erwachsenwerden lange Zeit beanspruchen kann. Die Zeit der Reife ist sicher nicht mit der Pubertät abgeschlossen, sondern kann ein ganzes Leben dauern.

„Der Mensch ist dann in der Mitte seiner Jugend einem Baume ähnlich, der zuerst unreife Feigen, später aber reife Früchte hervorbringt. Denn der Mensch ist den Stürmen ruheloser Sitten ausgesetzt, wenn er begreift, wozu er fähig ist, weil sein Mark schon fett ist und seine Adern voll sind. Und dann hat die Seele in ihm eine wehklagende und jammernde Stimme, weil der Schmerz über ihre Sünden mehr und mehr zunimmt. Denn die Seele ist ja jenes Leben im Menschen, das alles in ihm bewegt.

Jener Mensch aber ist, mehr als recht wäre, begierig nach Geltung und Anerkennung, und, indem er meint, immer der Klügere zu sein, ist er sehr unverständig; in seiner Verwegenheit und in seinem Stolz eitert er wie eine faulende Wunde. Er lässt sich zur Lüge verführen, wenn er wegen seines Verhaltens den ehrbaren und guten Namen nicht erreichen kann, den er so sehr anstrebt."

Konsequenzen tragen

„Daher wird die Seele traurig und sie beklagt sich, denn es fallen sowohl die guten als auch die schlechten Dinge auf sie zurück, weil durch ihre (der Seele) Kräfte alles ausgeführt wird, so wie auch in den Ohren alle nützlichen und unnützen Dinge widerhallen. Die Aufgeblasenheit (Geschwulst) des jugendlichen Gemütes wird dadurch zusammengedrückt und durch die Gnade Gottes zu einer besseren Haltung bekehrt, indem der Mensch seine Sünden bessert. Sie (die Seele) ist nämlich das ‚Häuchlein‘, das Gott in den Lehm der Erde entsandte. Und wenn die Seele früher traurig war, dann bläst sie nun wie ein Wind durch die nützlichen und unnützen Dinge hindurch. Da aber bewegt ihn (den Menschen) die Seele wegen der bösen und unnützen Werke zur Buße; wegen der guten und nützlichen Werke aber lässt ihn die Seele sich erfreuen, als ob er im Paradies wäre.“

Alles was der Mensch tut, fällt auf ihn zurück. Das ist sehr unangenehm, denn viel bequemer ist es doch, die Schuld anderen aufzuladen. Das funktioniert leider nicht immer, und der Mensch wird innerlich unruhig und umgetrieben, weil er einsieht, dass er die Konsequenzen seines Tuns selbst tragen muss. Auch was ich sage oder hinausrufe, hallt in meinen Ohren wider. Wer über andere Menschen Böses erzählt, Klatsch und Tratsch weiterträgt, weiß, dass das schlecht ist. Er wird in seiner Seele traurig, wird in seinem Gemüt „zusammengedrückt" und möchte sein Verhalten bessern.

Die Seele wird als „Häuchlein" bezeichnet, das wie ein Wind durch die Taten des Menschen hindurchfährt und ihn zur Buße, das heißt zur Umkehr, bewegt. Anders als in der vorherrschenden Meinung ist Buße bei der heiligen Hildegard nichts Bedrückendes oder Mühseliges, sondern Beginn und Ursache einer inneren Freude, so als ob der Mensch auf dem Weg ins Paradies wäre.

Wenn die heilige Hildegard immer wieder das Wort „Sünde" gebraucht, dann kann das für uns moderne Menschen befremdlich wirken. Es wurde leider in der Vergangenheit oft mit Drohungen und moralischem Druck verbunden. Hildegard aber lebt in tiefer Übereinstimmung mit der Heiligen Schrift, in der das Wort des heiligen Paulus steht: „Was ich nicht aus Überzeugung tue, ist Sünde." Hildegard ist aufgrund ihrer inneren Schau zutiefst davon überzeugt, dass jeder Mensch weiß, was gut ist, auch wenn er es nicht tut. Wer diesem inneren Wissen zuwiderhandelt, belastet sich durch unnütze Werke, wird traurig, mürrisch und vielleicht auch krank. Sobald ein Mensch diese Zusammenhänge erkennt, wird er sein Tun bereuen. Diese Reue kann aber nur aus dem Menschen selbst kommen und nicht von einem anderen verordnet werden. Dann gibt uns Gott die Kraft, „nützliche Werke" zu tun, die uns von innen heraus erfreuen. Wenn das gelingt, fühlen wir uns himmlisch. Solche Augenblicke sollen wir genießen, denn sie kommen wohl nicht zu häufig vor.

Besinnung

Achtsamkeit muss geübt werden, um die Zusammenhänge
zwischen dem Hören und der Seele zu erspüren.
Was lasse ich auf mich wirken?
Was schadet mir, wo muss ich mich entziehen und
wie kann ich mich schützen?
Wann schade ich anderen durch böse Worte?
Kann ich noch auf meine innere Stimme hören oder
sind meine geistigen Kanäle vollgestopft?
Halte ich Stille überhaupt noch aus oder habe ich Angst davor?
Kann ich das Wort Gottes noch hören?
Meine ich, dass Gott nicht mit mir spricht,
weil die anderen Stimmen viel zu laut sind?

Übung

Leben ist Bewegung.
Beim Gehen oder Laufen bläst der Atem wie ein Wind
Schlacken aus uns hinaus.
Wir verlassen unseren Standpunkt.
Sehen die Dinge aus einer anderen Perspektive.

Wie gerne lasse ich mich aus der Ruhe bringen,
stehe Änderungen in meinem Leben offen gegenüber?

Bin ich dankbar für die Begegnung mit anderen Menschen,
mit neuen Ideen und ungewohnten Gedanken?

Es tut gut, sich auch einmal einen kräftigen Wind um die
Ohren wehen zu lassen.

April –
der Duftbringer

April

„Der vierte Monat ist grün und voller Duft, auch wenn er manchmal furchterregend donnert. Er weist auf die Nase hin, durch die der Hauch der Seele den Duft von all jenem einzieht und wieder aussendet, was sich der Mensch mit Ehrfurcht auswählt.

Diesem Monat wird jener Mensch verglichen, der viel Lebenskraft bekommt, weil er in Übereinstimmung mit seinem Gewissen gute Taten in vernünftiger Weise ausgewählt hat. In einem solchen Menschen ergrünen alle Früchte.

Und er ist ein Duftbringer, weil er den Ruf der Rechtschaffenheit und Nützlichkeit wie einen süßen Duft zum Lobe Gottes überallhin ausströmt. Böse und gehässige Menschen aber schmähen die Tugenden und guten Werke jenes Menschen oft und nennen ihn ungerecht und böse. Haben doch auch die Menschen damals sogar den Herrn Jesus Christus oft fälschlicherweise ungerecht und befleckt genannt, obwohl sie ihn an all seinen Werken als heilig und gerecht erkannten.

Dieser Monat erschallt nämlich mit Gefahr und Furcht und dennoch trocknet er die Früchte der Erde nicht aus. Ebenso vertrocknen auch die Kräfte und Tugenden eines seligen Menschen durch die zuvor genannten Übel nicht, vielmehr ermatten diejenigen, die ihre Zähne gegen ihn fletschen.

Und der Mensch zieht im Hauch der Vernünftigkeit durch die Nasenlöcher die verschiedenen Dinge an sich, indem er die süßesten und edelsten auswählt und die stinkenden und schmutzigen verwirft.

Auf diese Weise verdient er sich durch seinen Kampf einen bleibenden, unvergänglichen Preis und wird von den Menschen geachtet und geehrt. Sein Verfolger aber muss auf den inneren Frieden und das Glück der göttlichen Liebe verzichten, kann aber auch in den weltlichen Beziehungen niemals wirklich und wahrhaftig gelobt werden.

Wer nämlich Gott ehrfürchtig sucht und liebt, der hütet sich in seinem Gemüt vor allem, was böse ist, wie er auch seine Nase von stinkenden und unreinen Dingen mit Abscheu abwende.“

Die Grünkraft

Im Monat April bricht überall das Grün mit Macht durch, der Duft des frischen Grases und der ersten Blumen durchzieht die Luft. Es ist ein lebensvoller Monat, der den Menschen genauso wie die Natur wieder aufleben lässt. Die Pädagogen haben schon vor langer Zeit verstanden, dass eine grüne Schultafel für die Augen viel wohltuender ist als eine schwarze, die Vitalität der Schüler erhöht und die Lernfreude steigert. Hildegard von Bingen sagt: Wer schlecht sieht oder wem die Augen schmerzen, der soll hinausgehen auf eine grüne Wiese und sie so lange anschauen, bis die Augen wie vom Weinen nass werden. Das ist auch medizinisch zu begründen, weil das Grün den Augeninnendruck erhöht.

Grün ist die Farbe des Lebens schlechthin. Ein grünes Blatt lebt, ein dürres Blatt ist tot. Das Blattgrün, das Chlorophyll, hat die Fähigkeit, das Licht der Sonne in Sauerstoff und Kohlehydrate umzuwandeln, und ermöglicht dadurch erst das Leben. Wir erfahren das unglaublich Wunderbare dieses Vorgangs nicht mehr, weil er so alltäglich ist.

Hildegard von Bingen taucht als Mystikerin ganz tief in dieses Geheimnis ein. Sie erfährt die viriditas, die grüne Lebenskraft, nicht nur als Farbe, sondern als ein Wesensmerkmal des Lebens überhaupt. Ohne Grün können wir nicht leben. Das gilt nicht nur für das biologische Grün, sondern für alle Bereiche des Lebens, bis in das Geistige und das Religiöse hinein.

Ein wunderschönes Beispiel finden wir in einem ihrer Lieder, das häufig als ein Loblied auf das Grün verbreitet wird. In Wirklichkeit aber ist es ein Hymnus auf Maria, die Mutter des Herrn. Maria ist ein grünender Zweig, weil aus ihr das Leben selbst, nämlich Jesus Christus, geboren wurde. In ihr ist diese schöne Blume erblüht, die alle Gewürze duften ließ, die zuvor dürr und abgestorben waren. Vom Himmel kam der Tau, der die Gräser benetzte und die ganze Erde mit sattem Grün erfreute. Aus ihr strömte das Licht der Sonne, Christus, das wohltuend war wie Balsamduft.

In ihrer tief empfundenen Mystik beschreibt die heilige Hildegard mit dem Bilderreichtum der Natur in einmaliger Weise die tiefsten geistigen Wirklichkeiten.

Die Legende sagt, dass die Apostel bei der Auffindung und Öffnung des Mariengrabes lauter Blumen darin vorfanden oder dass dem Grab ein angenehmer Blütenduft entstieg, der auf den Wohlgeruch der Tugenden hinweisen soll.

An Maria

„Du in der Grünkraft stehender Zweig, o sei gegrüßt!

Es kam die Zeit, dass du in deinen Zweigen blühtest, gegrüßt, gegrüßt seist du, da der Sonne Glut aus dir strömt wie Balsamduft.

Denn in dir war erblüht die schöne Blume, sie schenkte ihren Duft all den Gewürzen, die da dürre waren.

Da prangten sie alle in sattem Grün.

Die Himmel schenkten Tau dem Gras, die ganze Erde war erfreut."

„Der vierte Monat ist grün und voller Duft, auch wenn er manchmal furchterregend donnert."

Duft für die Nase

„Dieser Monat weist auf die Nase hin, durch die der Hauch der Seele den Duft von all jenem einzieht und wieder aussendet, was sich der Mensch mit Ehrfurcht auswählt."

Mit der Nase nehmen wir die Düfte und Gerüche auf. Wohlriechende Düfte erhöhen das positive Lebensgefühl, das Wahrnehmen von Gerüchen kann lebensrettend sein. Für das Zusammenleben von Menschen ist es wichtig, dass wir jemanden gut riechen können.
Wir kennen heute die Aromatherapie, wodurch vegetative Anreize gegeben werden, die z. B. bei depressiven Verstimmungen helfen können. Bei der bekannten Zunahme von Atemwegserkrankungen, wahrscheinlich aufgrund der vielen Schadstoffe in der Luft, wird eine Therapie durch die von Gott geschenkten Düfte in der Natur immer wichtiger.

Auch die heilige Hildegard gibt Hinweise für eine Aromatherapie. Wir finden sie in ihrem medizinischen Werk „Physica – die Heilkraft der Natur", wo sie die Wirksamkeit der Düfte für die Beruhigung des Zornes, für Freude, richtige Gedanken und Gesundheit beschreibt.

Die Rose

„... Und wer jähzornig ist, der nehme die Rose und weniger Salbei und zerreibe es zu Pulver. Und in jener Stunde, wenn der Zorn ihm aufsteigt, halte er es an seine Nase.
Denn der Salbei tröstet, die Rose erfreut.
Am frühen Morgen oder wenn der Tag schon angebrochen ist, nimm ein Rosenblatt und lege es auf deine Augen. Es zieht das Triefen heraus und macht die Augen klar." (Physica, Cap. 1-22)

Die Rose soll allen Tränken und Salben und Heilmitteln zugefügt werden, denn dann helfen sie um so besser. Bewährt hat sich ein Massageöl aus Rosenöl und Olivenöl zur Schmerzlinderung bei Nerven- oder Ischiasschmerzen, seien sie krampfartig oder entzündlich. Auch bei rissiger Haut tut es gute Dienste.

Der Salbei

„Nimm aber Salbei und pulverisiere ihn, und iss dieses Pulver mit Brot, und es vermindert den Überfluss der Säfte in dir.

Und wer von irgendeiner schmutzigen Sache Gestank erleidet, der stecke Salbei in die Nase und es nützt ihm.

Wenn jemand Überfluss an Schleim hat, oder wenn jemand stinkenden Atem hat, dann koche er Salbei in Wein, und dann seihe er es durch ein Tuch, und so trinke er oft, und die schlechten Säfte und der Schleim in ihm werden vermindert." (Physica, Cap. 1-63)

Die Lilie

„Auch der Duft des ersten Aufbrechens der Lilienblüte, und auch der Duft ihrer Blumen erfreut das Herz des Menschen und bereitet ihm richtige Gedanken." (Physica, Cap. 1-23)

Edelkastanien

„Aber der Mensch, der aus seinem Holz einen Stock macht, und diesen in seiner Hand trägt, sodass die Hand dadurch warm wird, dem werden aus dieser Erwärmung die Adern und alle Kräfte des Körpers gestärkt. Und nimm auch oft den Duft dieses Holzes auf, und es wird deinem Kopf Gesundheit bringen." (Physica, Cap 3–12)

„Diesem Monat wird jener Mensch verglichen, der viel Lebenskraft bekommt, weil er in Übereinstimmung mit seinem Gewissen gute Taten in vernünftiger Weise ausgewählt hat. In einem solchen Menschen ergrünen alle Früchte.

Und er ist ein Duftbringer, weil er den Ruf der Rechtschaffenheit und Nützlichkeit wie einen süßen Duft zum Lobe Gottes überallhin ausströmt. Böse und gehässige Menschen aber schmähen die Tugenden und guten Werke jenes Menschen oft und nennen ihn ungerecht und böse."

Lebenskraft durch gute Taten

„Die Blumen mit ihren Blüten schenken anderen Blumen den Duft, ein Stein verleiht dem anderen Glanz, und jeder Teil der Schöpfung zeigt durch seinen Zusammenhang eine Art von liebender Umarmung. Ich aber bin in Luft und Tau und in aller Grünkraft ein äußerst mildes Heilkraut: Mein Herz ist ganz erfüllt, jeder und jedem Hilfe anzubieten."

(Liber vitae meritorum – Buch der Lebensverdienste)

Die natürlichen Abläufe stehen bei Hildegard von Bingen nie für sich allein da, sie haben immer auch den Bezug zum geistigen Leben. Das Bild vom Spiegel macht uns diese Zusammenhänge sehr leicht verständlich: In der Natur sehen wir unser eigenes Tun wie in einem Spiegel.

Ein Mensch voll grüner Lebenskraft, gesund, fröhlich und tatkräftig – er gleicht dem April. Vom Lebensalter her wäre das ein junger Mensch, der die ungestümen Stürme des Jugendalters hinter sich hat und schon vernünftig auswählen kann, was gut und nützlich ist.

DIESE GRÜNKRAFT ERHÄLT JEDER MENSCH BIS INS HOHE ALTER, WENN ER SICH BEMÜHT, SEINEM GEWISSEN ZU FOLGEN.

Heute spricht man davon, dass jemand ganz bei sich selbst ist, aus seiner eigenen Mitte und in Übereinstimmung mit sich selbst lebt. Hildegard nennt ihn einen Duftbringer. Früher sprach man vom „Geruch der Heiligkeit". Sehr leicht kann es jedoch geschehen, dass eine solche Recht-

schaffenheit in Hochmut umschlägt, wenn der Mensch seine guten Taten sich selbst zuschreibt. In erfrischender Weise rückt die heilige Hildegard diese Schieflage wieder zurecht: Wer zum Lobe Gottes das Gute tut, strömt seinen Ruf wie einen süßen Duft überallhin aus.

Die Tugenden stellt sich Hildegard als die großen Kräfte Gottes vor, die Freude und Kraft ins Leben bringen. Eine solche Tugend ist die Barmherzigkeit.

Warm und stark und wohltuend ist diese Tugend, wirklich eine Leben fördernde Kraft. Aber wir erfahren leider immer wieder, dass wir hier auf dieser Erde nicht im Himmel leben. Wie es aber Menschen gibt, die keine Rosen lieben, wird ein solcher mit Gott verbundener Mensch in besonderer Weise abgelehnt und verleumdet, wie es Jesus Christus selbst ergangen ist. „Böse und gehässige Menschen aber schmähen die Tugenden und guten Werke jenes Menschen oft und nennen ihn ungerecht und böse."

Das gehört aber offenbar genauso zu den Abläufen in der Natur wie zum menschlichen Leben. Die heilige Hildegard gibt uns einen tröstenden Zuspruch, damit wir nicht in Traurigkeit und Verbitterung verfallen.

Emotionale Gewitter

Gewitter sind auch heute noch gefährlich, vor allem in der freien Natur. In der Atmosphäre gibt es Konstellationen, die unweigerlich zu Gewittern führen. Können wir Gewitter aus der menschlichen und emotionalen Welt heraushalten? Das wäre genauso unrealistisch. Wir müssen damit leben und richtig mit ihnen umgehen, sozusagen geistige Blitzableiter anbringen. Die Gewitter dieses Monats sind zwar manchmal furchterregend, können aber den Früchten der Erde nicht wirklich schaden oder sie an ihrer Reife hindern. Genauso wenig können übelwollende Menschen die Lebenskraft jenes Menschen völlig austrocknen, der von Gott die Hilfe erbittet.

Worin ist dies aber begründet? Wir werden im vorstehenden Text dazu ermutigt, unsere Vernünftigkeit einzusetzen, um auszuwählen, was unser Leben wohlschmeckend und wertvoll macht, und sich in seinem Gemüt vor diesen „stinkenden und unreinen Dingen" zu hüten. Wer das schafft, mit Gottes Hilfe diesen geistigen Kampf zu gewinnen, wird auch von den Menschen geachtet.

Gleichzeitig ist es eine sich selbst „erfüllende Prophetie", dass derjenige nie zufrieden und innerlich glücklich wird, der anderen Böses zufügt. Er schadet sich immer selbst, weil Hass und Zorn auf ihn zurückfallen. Ein Sprichwort heißt: Der Löwe frisst seinen Herrn zuerst. Wie oft aber werden Menschen verunsichert und verbittert, weil sie glauben, dass es jenen Menschen gut gehe, die Verleumdung, Hass und Feindseligkeit über andere Menschen verbreiten. Dabei täuscht immer der äußere Anschein. Das Wichtigste ist, dass wir unser eigenes Herz von diesen bösen Dingen freihalten.

„Dieser Monat erschallt nämlich mit Gefahr und Furcht und dennoch trocknet er die Früchte der Erde nicht aus. Ebenso vertrocknen auch die Kräfte und Tugenden eines seligen Menschen durch die zuvor genannten Übel nicht, vielmehr ermatten diejenigen, die ihre Zähne gegen ihn fletschen.

Und der Mensch zieht im Hauch der Vernünftigkeit durch die Nasenlöcher die verschiedenen Dinge an sich, indem er die süßesten und edelsten auswählt und die stinkenden und schmutzigen verwirft.

Auf diese Weise verdient er sich durch seinen Kampf einen bleibenden, unvergänglichen Preis und wird von den Menschen geachtet und geehrt. Sein Verfolger aber muss auf den inneren Frieden und das Glück der göttlichen Liebe verzichten, kann aber auch in den weltlichen Beziehungen niemals wirklich und wahrhaftig gelobt werden.

Wer nämlich Gott ehrfürchtig sucht und liebt, der hütet sich in seinem Gemüt vor allem, was böse ist, wie er auch seine Nase von stinkenden und unreinen Dingen mit Abscheu abwende."

Besinnung

Es liegt in meiner Entscheidung,
was ich in mein Leben hereinnehme.
Rege ich mich über das Verhalten
anderer Menschen auf oder wende
ich mich guten Dingen zu?
Die Rosen duften auch für mich,
wenn ich sie aufsuche.
Liebenswürdige Menschen
verbreiten einen guten Duft –
gehöre ich auch dazu?
Die Gewitter können den Früchten
nicht wirklich schaden.

Mai —
der liebliche Monat

Mai

„Der fünfte Monat ist lieblich und leicht und herrlich in allen Dingen der Erde, wie auch das Schmecken des Mundes süß und vergnüglich ist. Denn durch den Geschmack wird erkannt und gewusst, mit welchen Dingen der Mensch sich mit Freude erquickt.

So tritt auch die Vernünftigkeit als Säule und Markt der fünf Sinne hervor, die durch sie unterstützt und zum Wirken angeleitet werden wie die durch den Pflug umgegrabene Erde, indem sie es keimen lässt, als fruchtbar sich erweist.

Denn das Sehen, das heißt die Sinneswahrnehmung der Augen, durch die der Mensch alles sieht und erkennt, nimmt unter den anderen mit Recht den Vorrang ein. Denn wie der Gesichtssinn durch seine Lage erhabener ist als die übrigen, so nimmt er auch die entfernteren Dinge mehr wahr als die anderen. Daher ist derselbe Gesichtsinn der Augen angenehm und ruhmreich, weil der Mensch mit ihm beim Erkennen und Auswählen die nützlichen von den unnützen Dingen unterscheidet.

Er hat den lieblichsten Duft der Blüten, woran die Herzen der Menschen sich erfreuen, weil ja in ihm alle Früchte der Erde, an denen der Mensch sich freut, hervorgehen. Ebenso unterscheidet der Mensch auch durch das Sehen der Augen jede Verwendung der natürlichen Wesen. Dabei erkennt er auf natürliche Weise, welcher Unterschied zwischen den Dingen besteht, die er mit der Spitze der Vernünftigkeit unterscheidet. Die Fruchtbarkeit dieses Monats ist aber dem Geschmack des Mundes zu vergleichen, wodurch der Mensch das erkennt, was zu seiner Erquickung nützlich ist."

Lieblich und leicht und herrlich

Der Monat Mai wird von der heiligen Hildegard in überschwänglicher Weise mit allen guten Eigenschaften bedacht. Sind wir in den vergangenen Monaten auf verschiedene Weise mit schwierigen Aufgaben konfrontiert worden, so scheint der Monat Mai in seinem ganzen Charakter in allen Bereichen einfach nur erfreulich zu sein. Eine herrliche Leichtigkeit durchzieht diesen Monat, offenbar ist er wie eine Oase, ein Platz zum Ausruhen von den vorhergehenden Mühen und ein Ort zum Kraftsammeln für das, was an Aufgaben auf uns wartet. Er wird auch als Wonnemonat bezeichnet.

Es blüht und grünt und duftet, neues Leben umgibt uns überall, die wohlige Wärme der Sonne dringt in uns ein und umgibt uns: vergnüglich und erquicklich. Der Mai erweckt die Freude in uns, er aktiviert und beschert uns Frühlingsgefühle. Vielleicht kaufen wir uns etwas Neues zum Anziehen, es erwacht eine neue Liebe, und es treibt uns hinaus in die Natur. Auch die Tiere werden lebendig: Die Vögel trällern ihre Lieder und bauen ihre Nester, viele Tiere bekommen Junge.

DIE FREUDE IST DIE WICHTIGSTE UND GESUND MACHENDE LEBENSKRAFT.

Das kann nicht oft genug betont werden, wie es auch Hildegard von Bingen tut. Viele Menschen scheinen heute geistig in einem engen, dunklen Hof zu wohnen, in dem nichts Grünes wächst, oder sie nehmen gar nicht wahr, dass sogar dort noch ein grüner Baum steht.

Die Sinne öffnen

Die Natur ist im Menschen programmiert. Gott hat dieses Programm in uns hineingeschrieben. Aber es muss aktiviert werden, indem wir es aufrufen. Das tun wir durch unsere Sinne. Die Sinne sind die Tore und Fenster zur Außenwelt. Durch unsere innere Einstellung entscheiden wir, was wir aufnehmen wollen. Die Vernünftigkeit wird von Hildegard als „Säule und Mark der fünf Sinne" bezeichnet: Wir lenken unseren Sinn und unsere Aufmerksamkeit auf das, was wir für vernünftig und sinnvoll halten. Gerade der Mai als Beginn des Sommers ist wie der wachende, achtsame Mensch, während der Winter dem schlafenden Menschen gleicht. Die Sinne stehen im Mai in Bereitschaft. Im Monat Mai werden gleich drei Sinne angesprochen: das Sehen, das Riechen und das Schmecken.

DIE SINNE SIND DIE SCHALTSTELLEN ZWISCHEN DER AUSSENWELT UND DEM INNEREN ERLEBEN.

Das Schmecken

Das Schmecken des Mundes wird mit den Freuden und der Lieblichkeit des Monats Mai verglichen. Spätestens hier wird offenkundig, dass die Mystikerin und Visionärin Hildegard von Bingen keine finstere Asketin ist. Essen und Trinken sollen dem Menschen schmecken, es soll *„süß und vergnüglich"* sein. Durch den Geschmackssinn können wir erkennen, was uns zuträglich ist, damit wir uns *„mit Freude erquicken"*.

DIE FREUDE AM ESSEN IST DIE GRUNDLAGE JEDER LEBENSFREUDE.

Ich frage mich immer wieder, wie sich jemand am Essen freuen kann, der die Kalorien zählen muss, anstatt ein Dankgebet an Gott zu richten. Haben wir vergessen, dass unsere Nahrung ein Geschenk des Schöpfers ist, das er aus der Erde mit Hilfe von Luft und Sonne für uns wachsen lässt? Leider gibt es in unserer Zivilisation schon viele Kinder, die nicht mehr wissen, dass das Korn aus der Erde wächst und die Milch von der Kuh kommt, weil all das im Regal des Supermarktes steht.

Wissen wir heute noch, was uns wirklich erquickt? Oder ist unser Geschmackssinn schon verfälscht und abgestumpft durch die mannigfache Bearbeitung der Nahrungsmittel und durch Zufügung chemischer Substanzen, zum Beispiel den schädlichen Geschmacksverstärker Glutamat.

Wir sprechen von denaturierter Nahrung, der Natur entfremdeter Nahrung, die keinerlei Gesundheit mehr in sich trägt, versetzt mit

Konservierungsstoffen, künstlichen Aromen, Farbstoffen und manchem anderen. Die Achtsamkeit in diesem Bereich ist besonders wichtig, weil es um Wohlbefinden und Gesundheit geht.

„Vergnüglich" ist das Essen aber auch nur dann, wenn wir nicht allen Gelüsten nachgeben und wissen, wann wir aufhören sollen. Das fällt in unserer Zeit besonders schwer, weil uns die Verlockungen auf Schritt und Tritt nachlaufen. Süßigkeiten jeder Art sind wie gefährliche Pillen, die in eine wohlschmeckende Hülle eingepackt sind.

Der liebliche Duft

„Dieser Monat Mai hat den lieblichs-ten Duft der Blüten, woran die Herzen der Menschen sich erfreuen, weil ja in ihm alle Früchte der Erde, an denen der Mensch sich freut, hervorgehen."

In diesem kurzen Text steht zweimal das Wort „freuen". Es ist eine Freude, die an jeder Straße auf uns wartet und dazu noch völlig kostenlos. Riechen Sie gelegentlich an einer Blüte? Der Duft einer Rose lässt uns ganz tief durchat-men und lässt unser Herz weit werden. Wann haben Sie bewusst an einer Rose gerochen? Es liegt an uns, ob wir diese Freude erleben.

Haben Sie schon bemerkt, dass die in großen Plantagen gezüchteten und mit massivem Einsatz von Herbiziden widerstandsfähig und lange haltbar gemachten Rosen, die massen-weise bei den Discountern angeboten werden, oft keinen Geruch mehr haben? Bringen diese eigentlich noch Freude?

Ich weiß, dass eine einzige Rose, die liebevoll umhegt und mit Sonne und Wind wachsen durfte, mein Herz zutiefst erfreut und mich ihr Duft ganz durchströmt. Verstärkt wird dieses Erlebnis durch die Liebe, mit der mir diese Rose geschenkt wurde.

Wir haben allen Grund, für das Sinnesorgan des Geruchssin-nes dankbar zu sein. Sein Verlust bedeutet eine starke Minderung der Lebens-qualität; davon sind vor allem ältere Men-schen betroffen. Er kann auch als Folge von lang andauernden Erkäl-tungen auftreten. Diese Behinderung, die im Gegensatz zum Verlust des Augenlichts oder des Gehörs von außen nicht wahrgenommen wird, kann sogar lebensgefährlich werden, z.B. bei Brandgeruch. Das Riechen an Blüten und Kräutern gibt einen wichtigen Anreiz, um die Düfte wieder aufnehmen zu können.

Das Sehen

Dem Charakter des Monats Mai entsprechend wird der Gesichtssinn, das Sehen, in seiner Vorrangstellung als *„angenehm und ruhmreich"* beschrieben. Er ist der wichtigste Sinn, weil wir mit ihm alles erkennen und unterscheiden können. Haben wir schon einmal bedacht, welches Wunderwerk unsere

„Denn wie der Gesichtssinn durch seine Lage erhabener ist als die übrigen, so nimmt er auch die entfernteren Dinge mehr wahr als die anderen."

Augen darstellen? Die Augen stehen nie still, sie nehmen unaufhörlich Milliarden von Lichteindrücken, Farben und Formen als bewegte Bilder auf und geben sie über den Sehnerv als elektromagnetische Impulse an das Gehirn weiter. Dort werden sie als ständig wechselnde bewegte Bilder wahrgenommen. Wir stehen sprachlos vor dem einmaligen Wunder des menschlichen Auges. Wussten Sie schon, dass der Sehnerv einen Millimeter dick ist und aus einer Million Fasern besteht? Die sogenannten Zapfen im Auge ermöglichen das Farbensehen; im Bereich des schärfsten Sehens auf der Netzhaut befinden sich 147.000 Zapfen pro Quadratmillimeter.

Mit den Augen können wir alles überblicken, haben eine viel größere Reichweite als mit den Ohren oder den anderen Sinnesorganen.

Der Bericht einer älteren, blinden Frau kann uns aufrütteln aus Gedankenlosigkeit. Sie erzählte Folgendes:
„Alles, was ich damals als sehendes Kind aufgenommen habe, ist für mich heute ein Geschenk. Ich lebe jetzt in einem Altenheim, wo wir einen wunderschönen Garten haben. Ich getraute mich heraus und habe mir allein die ersten Gänge erarbeitet und habe sie intensiv genossen. An der Wand entlang sind Sträucher und Blumen, 50 Schritte weiter sind Tulpen, 20 Schritte weiter blühen Rosen. Meine Hände sind meine Augen. Weil ich als Kind alles aufgenommen habe, habe ich alles in mich hineingetrunken. Von innen her blühte die Seele wieder auf. Danke, lieber Gott, dass ich einmal gesehen habe. Der Frühling macht mich wieder froh. Aber viele Mitbewohner wollen davon nichts wissen, sie kennen keinen Vogel, wollen nicht hinaus und sagen, dass ihnen die Füße wehtäten. Sie übersehen so viel. Die Sonne scheint so schön, die Natur ist in uns eingezeichnet, die Blätter und die Blüten. Man sieht nur mit dem Herzen gut."

„Der Mensch sollte schauen den Aufgang der Sonne und
den Niedergang der Gestirne, die Winde in den Lüften
und die Erde mit ihren Wassern sowie die übrige Natur,
die Gott ganz und gar um des Menschen willen erschaffen hat,
 auf dass er in all dem erkennen möge,
zu welch großer Auszeichnung er geschaffen sei"

Der Himmelsgarten

Gebet mit Gedanken der hl. Hildegard

Gepriesen bist du, Herr, gepriesen bist nur du allein, du senkest Licht in mein Herz mit deiner Weisung.

Durch deinen Heiligen Geist pflanzest du den Baum des Lebens in mich ein; wenn er im Herzen Wurzeln schlägt, wandelt er die Seele in einen Himmelsgarten um.

Ganz herrlich schmückt er sie mit auserlesenen Gewächsen, mit Blumen und mit Bäumen, aller Art von Früchten, bunt und mannigfaltig, mit Lilien, die Wohlgerüche hauchen: mit Frieden und mit Freude, mit sanftem Mut und Demut, mit Mitleid und Barmherzigkeit, Wohlwollen und Hoffnung, mit deiner Liebe Glanz, die alles licht macht, was in diesem Garten sich befindet.

Meditation – Augen sind wie Sterne

„Die Augen, die gar vieles erblicken,
weisen auf die Sterne des Firmaments hin, die überall leuchten."

Die Klarheit der Augen entspricht dem Glanz der Sterne.
Der Augenstern, die Pupille, ist wie der leuchtende Stern selbst.
Die Feuchtigkeit des Äthers weist auf die reinigenden Tränen hin.
Das Weiß der Augen entspricht der Reinheit des Äthers.

„Gleichsam wie das Weiß der Augen ist das Wissen im Menschen.
In diesem Wissen blitzt der Verstand auf wie die Klarheit der Sterne,
und die Vernünftigkeit leuchtet an ihm wie ein Stern."

In reiner Luft leuchten die Sterne, funkeln in strahlender Klarheit.
Je reiner die Luft, desto stärker das Funkeln.
Je reiner die Absicht, desto strahlender die Augen.
Die gute Absicht ist wie der klare Augenstern.

Verdunkelt werden die Sterne
durch Nebel und Wolken, durch Staub und Dunst;
werden die Augen trüb durch Kränkung und Trauer,
durch Ärger und Wut, Egoismus und Gier.

Den klaren Durchblick bekommen wir wieder,
wenn sich dieser Nebel verzogen hat,
wenn sich die Seele reinigt durch die Tränen der Reue.
Die Luft reinigt sich durch den strömenden Regen
und lässt die Sterne umso heller erstrahlen.

Dann lieben wir die Schönheit
der Barmherzigkeit,
des Verzeihens und des Wohlwollens,
und die Augen beginnen wieder
zu strahlen.

Juni –

der starke, heiße Monat

Juni

„Der sechste Monat ist mit seiner Hitze recht trocken und mildert diese durch den Lufthauch, der die Früchte zur Reife bringt. Aber er schüttet auch manchmal gewaltige Wassermassen aus.

Dadurch wird auf die SCHULTERN des Menschen hingewiesen, die in ihrer Wärme ebenfalls trocken sind, die jede Arbeit unterstützen und so den ganzen Körper erhalten. Zuweilen suchen sie dennoch die Ruhe anstelle der Arbeit, wie ein Vogel aus Ermüdung seine Flügel im Gleitflug sich erholen lässt und wie die Wurzel ihre Zweige hält.
Die Schultern, die alle Feuchtigkeit der Eingeweide und der anderen Organe des Menschen und damit den ganzen Organismus tragen, haben eine beachtenswerte Ähnlichkeit mit dem Gehör, welches der Anfang der Seele ist ...
Der zweite Sinn, das HÖREN, erscheint sozusagen wie ein gewisses Flügelchen der Vernünftigkeit, um die Worte zu verstehen, die es aufnimmt. Indem die Ohren den Klang eines jeden Geschöpfes aufnehmen, kann jedes Ding erkannt werden ... Denn die Kraft der Seele, die durch die Ohren wahrnimmt, muss sich beim Hören keine Mühe geben und wird deshalb auch

nicht überdrüssig, sondern hat eher den Wunsch, viele Dinge zu erkennen und sich zu merken.

Und in diesem Monat fließen die Überschwemmungen der Wasser mit den gefährlichen Schallwellen der Donnerschläge und jagen dem Menschen Furcht ein. Ebenso sind unter den menschlichen Angelegenheiten solche, die das Gehör gelassen zulässt, aber auch viele Sachen, die es mit Schrecken und Traurigkeit aufnimmt. Das Gehör ist in der Tat der Anfang der vernünftigen Seele.
Die Seele jedoch wird gezwungen, alle diese guten und bösen, nützlichen und unnützlichen Dinge zu unterstützen. Sie kann sich nicht voll freuen und weint unter Tränen, da sie wegen der schlechten Dinge, die sie hören muss, die guten Werke nicht beginnen kann. Und so wird die Seele, wenn sie auch in der Freude lebt, bald in Traurigkeit verkehrt. Deswegen sucht der Mensch die Ruhe, die er nicht haben kann, obwohl er sie herbeisehnt. Für ihre Werke des Wohlwollens und der Gerechtigkeit aber wird die Seele ein ewiges, glückliches Zuhause finden, für die schlechten Handlungen aber schlimme Folgen tragen müssen.“

Kräftig und hitzig

Im modernen Sprachgebrauch können wir sagen, der Juni hat viel Power. Diese braucht er aber auch, weil sehr viel Arbeit auf ihn wartet. Es ist jetzt richtig viel zu tun. Die Blüte ist vorbei, Früchte haben angesetzt und müssen wachsen und reifen. Wärme, Luft und Wasser sind nötig, um den geheimnisvollen Vorgang des Reifens vorwärtszubringen. Dabei neigt dieser Monat zum Übermaß: Er ist nicht nur warm, sondern heiß und trocknet mit dieser heißen Luft den Boden aus. Er spendet nicht nur Regen, sondern schüttet in Wolkenbrüchen gewaltige Wassermassen aus.

Für diese Kraft des Monats Juni sieht Hildegard eine Entsprechung in den Schultern.

„Dadurch wird auf die Schultern des Menschen hingewiesen, die in ihrer Wärme ebenfalls trocken sind, die jede Arbeit unterstützen und so den ganzen Körper erhalten."

In den Schultern zeigt sich die Kraft eines Menschen. Wer die Schultern hängen lässt, ist in sich selbst kraftlos, aber auch unfähig, etwas zu leisten. Die Schultern halten die Arme mit den Händen. Breitschultrige Männer sind sehr kräftig und können zupacken. Im Volksmund sprechen wir davon, dass wir etwas schultern müssen, wenn eine Aufgabe vor uns liegt.

In den vergangenen Monaten betrachteten wir Kindheit und Jugendzeit und stehen jetzt mitten im Erwachsenenalter. Der gesunde, kräftige Mensch braucht eine Tätigkeit, er muss ein Werk vor sich haben, wie es die heilige Hildegard nennt. Das ist die Auszeichnung des Menschen, die Welt zu gestalten. Tiere können sich nur innerhalb ihrer angeborenen Instinkte verhalten. Der Mensch ist ein geschaffenes Werk, das selbst wieder schöpferisch tätig sein kann.

Kein Mensch kann aber unentwegt arbeiten. *„Zuweilen suchen die Schultern dennoch die Ruhe anstelle der Arbeit."* Es ist so wohltuend menschlich, wie Hildegard von Bingen den Menschen behandelt: Er soll sich selbst und die anderen nicht ständig antreiben. In der Natur findet sie den Spiegel für das Verhalten des Menschen, und sie beobachtet sehr genau. Sie führt uns das Bild vor Augen, wie ein Vogel kraftvoll mit den Flügeln schlägt, die sich dann bei Ermüdung im Gleitflug erholen können. Der Vogel überlässt sich voll und ganz seinem eingegebenen Instinkt, lässt sich von der Luft tragen und überfordert sich nicht.

Auch der Mensch unterliegt dem Rhythmus von Tätigsein und Ruhe, kann sich im Unterschied zu den anderen Geschöpfen aber darüber hinwegsetzen. Wir kennen heute das Wort „Workaholic" für einen Menschen, der beinahe nach Arbeit süchtig ist. Nur das ausgewogene Maß zwischen Arbeit und Ruhe schenken dem Menschen ein Wohlbefinden.

AUCH WIR DÜRFEN EINMAL DIE FLÜGEL HÄNGEN LASSEN UND UNS AUSRUHEN.

Das Gehör ist der Anfang der Seele.

Der Text Hildegards nimmt hier eine unerwartete Wendung. Das Gehör wird mit den Schultern verglichen, denn so wie durch die Schultern der ganze Organismus und alle Lasten getragen werden, so werden durch das Gehör alle Werke des Menschen vollendet.

Es lohnt sich, diesem Gedanken etwas intensiver nachzugehen. Mit der Mystikerin Hildegard von Bingen lernen wir, einer alltäglichen und selbstverständlichen Sache wie dem Hören eine tiefere Bedeutung abzugewinnen.

„Der zweite Sinn, das Hören, erscheint sozusagen wie ein gewisses Flügelchen der Vernünftigkeit, um die Worte zu verstehen, die es aufnimmt."

Die Ohren sehen aus wie kleine Flügel und werden von Hildegard als *„Flügelchen der Vernünftigkeit"* bezeichnet. Die Ohren als Organ stellen das „Werkzeug" bereit, damit die Geräusche, Töne und Worte aufgenommen und richtig ins Gehirn weitergeleitet werden können. Die wichtigste Aufgabe des Gehörs besteht darin zu verstehen, was wir hören. In den Evangelien wird uns von Jesus berichtet, dass er in Gleichnissen redete: „... damit sie hören und doch nicht verstehen." Man muss schon genau hinhören, sich in eine Sache einlassen, wenn wir hinter ihren Sinn kommen wollen.

Hildegard spricht vom Klang eines jeden Geschöpfes. Wir denken da vor allem an die Stimmen der Menschen und an die Laute der verschiedenen Tiere. Am Laut können wir sie identifizieren und gleichzeitig feststellen, wo sie sich befinden. Wir sind mit allen Kräften unserer Seele, mit dem ganzen Gemüt, sehr daran interessiert, den Dingen auf die Spur zu kommen. Dazu leistet uns das Hören sehr gute Dienste.

„DAS GEHÖR IST IN DER TAT DER ANFANG DER VERNÜNFTIGEN SEELE."

Die Seele schwingt beim Hören mit; ohne dass ich die Worte verstehe, sagt mir schon der Klang einer Stimme, ob sie von Wohlwollen getragen oder erregt und ärgerlich hinausgestoßen werden. Ich brauche mich dazu nicht anzustrengen, sondern spüre es einfach.

Deshalb sagt die heilige Hildegard, dass sich die Kraft der Seele beim Hören keine Mühe geben muss und deshalb des Hörens auch nicht überdrüssig wird. Sie wünscht sich eher, vieles zu hören, zu erkennen und zu merken.

DER MENSCH HÄLT SEIN OHR IN DIE SCHÖPFUNG HINEIN.

Das gilt in besonderer Weise für jene Musik, die die Seele in Schwingung bringt. Die heilige Hildegard hört in ihrer mystischen Schau den Gesang der Engel und erfährt, dass die Seele des Menschen aus den himmlischen Harmonien stammt und das Wissen darum nie vergisst. Deshalb ist die Seele des Menschen musikalisch gestimmt und sehnt sich nach Harmonie.

„Indem die Ohren den Klang eines jeden Geschöpfes aufnehmen, kann jedes Ding, ganz gleich wo oder was es ist, erkannt werden. Deshalb lenkt der Mensch sein Gemüt darauf hin, um ihm auf die Spur zu kommen."

„Die Seele kann sich nicht voll freuen und weint unter Tränen, da sie wegen der schlechten Dinge, die sie hören muss, die guten Werke nicht beginnen kann."

Gefährliche Schallwellen

Da wir ja nicht im Himmel leben, werden wir immer wieder von unliebsamen oder gefährlichen Vorkommnissen bedrängt. Genauso wie uns Überschwemmungen oder harte Donnerschläge Angst einjagen, können uns zwischenmenschliche Probleme viel Traurigkeit bereiten, deren Sinn wir nur schwer verstehen.

Weil wir die Ohren nicht schließen können wie die Augen, müssen wir viele belastende Dinge hören, die uns Sorgen, Ärger, Wut, Verzweiflung, Ohnmacht bereiten. Alles, was durch das Gehör gegangen ist, hat seine Auswirkungen in unseren Gedanken und Gefühlen, macht uns krank oder gesund.

Hildegard spricht hier von den schlechten Dingen, denen wir nicht ausweichen können und die wir hören müssen, Schicksalsschläge und menschliche Konflikte, Streit und Missachtung. Wir müssen sie über uns ergehen lassen, wie die Natur im Juni die Gewitter und Unwetter über sich ergehen lassen muss. Das nimmt mir den Schwung der Seele, sodass ich das Gute nicht zu tun vermag, so gerne ich es auch tun möchte. Die Seelenkraft der Vernunft sucht darin einen Sinn und einen Ausweg zu erkennen. Wir dürfen auf jeden Fall voll Vertrauen Gottes Hilfe anrufen.

Darüber hinaus gibt es aber negative Dinge, die ich nicht unbedingt hören muss und von mir fern halten kann. In vielen Gesprächen höre ich die Klage, wie viele schlimme Dinge doch in der Welt geschehen, wie böse die Menschen sind und dass in den Nachrichten kaum etwas Positives berichtet wird. Einiges Erstaunen löst aber mein Hinweis aus, dass es sowohl beim Radio als auch beim Fernsehen einen Knopf zum Ausschalten gibt. Muss ich mich damit belasten? Absicht und innere Einstellung entscheiden darüber, ob der Mensch positive oder negative, nützliche oder unnütze Dinge hören will.

„Die Seele jedoch wird gezwungen, alle diese guten und bösen, nützlichen und unnützlichen Dinge zu unterstützen."

Auch die Seele, die ein Hauch aus Gott ist und um das Gute weiß, ist in diese Widersprüche verwickelt und kann sich nicht daraus befreien. Obwohl der Mensch mit Vernünftigkeit ausgestattet ist, Unterscheidungskraft und freien Willen besitzt, handelt er oft gegen seine bessere Einsicht. In diesem Kampf wird der Mensch traurig und es wird ihm bewusst, was er falsch gemacht hat.

Hören, was Gott redet

Viele laute, schrille, lärmende Stimmen rauben uns die Ruhe und den Schlaf. Der Verbrauch von Psychopharmaka und Schlafmitteln steigt ständig an. Damit findet der Mensch aber weder Ruhe noch innere Zufriedenheit: Er kommt nicht zu sich. Die Stille wirkt eher beängstigend und wird gemieden. Wie sollen wir da aber den Klang der Geschöpfe aufnehmen, wie eine gute Unterscheidung vornehmen oder gar hören, was Gott uns zu sagen hat?

In einem Bibelkreis konnten wir selbst erleben, wie viel Angst unser Vorschlag auslöste, nach dem Lesen des Evangeliums eine Stille von mindestens zwei Minuten einzuhalten, um über den Text nachzudenken. Eine Frau fragte sehr beunruhigt, was sie dann in diesen zwei Minuten tun solle. Dieselbe Frage stellte ein Pfarrer, den wir gebeten haben, nach dem Vortragen der Lesung eine Pause einzulegen. Haben wir verlernt, nach Innen zu hören?
Die heilige Hildegard war Mystikerin und Visionärin. Sie sagt von sich selbst, dass sie mit dem inneren Auge schaut und mit dem inneren Ohr hört, wobei ihr der tiefste Sinn der heiligen Schriften durchscheinend klar wird. Sie war der ganz durchlässige Mensch, der die Botschaften Gottes aufnehmen und an die Menschen weitergeben konnte.

Wir können es vielleicht verstehen durch den Vergleich mit einem Radio: Ein Sender sendet mit einer bestimmten Frequenz, die immerzu vorhanden ist, ohne dass sie jemand wahrnimmt. Erst wenn ein Empfänger sich auf diese Wellenlänge einstellt, kann er die Sendung empfangen.
Manchmal verhindern aber auch Störsender einen guten Empfang; das sind die Unruhe und Aufgewühltheit in unseren Herzen. Solange wir nur alleine sprechen und dabei viel zu viele Worte machen, können wir die Durchsagen Gottes nicht empfangen. Weil wir nicht hören können, meinen wir, dass Gott nicht zu uns spricht.
Gott hat uns das Gehör geschenkt, um aufmerksam auf seine Worte zu hören und sie im Herzen zu verstehen; dass wir für die Werke des Wohlwollens und der Gerechtigkeit ein ewiges, glückliches Zuhause finden werden, für die schlechten Handlungen aber, wenn wir nicht auf unsere innere Stimme hören, schlimme Folgen zu tragen haben.

übung

Der Monat Juni erinnert uns daran,
mit welcher Kraft wir ausgestattet sind.

Nehmen wir wahr, wie viel Kraft wir in den Schultern
haben.
Breiten wir die Arme aus und straffen unsere
Schultern.
Sie tragen den ganzen Organismus
und unterstützen jedes Werk.
Aber auch in den Zeiten der Ruhe sind wir gehalten,
wie die Wurzeln die Zweige halten.

Das Hören hat eine starke Kraft.
Wir können die Welt in uns hineinnehmen,
sie verstehen und verändern.

Nehmen wir den Klang jedes Geschöpfes auf,
richten wir uns als Empfänger
auf das Wort Gottes aus.
Schulen wir unser Gehör,
um das Gehörte auch richtig zu verstehen
und in die Tat umzusetzen.

Gewitter und Donnerschläge
mit den gefährlichen Schallwellen
erschrecken uns.
Verstehen wir die Unwetter des Lebens
als eine Chance,
um die Früchte des Lebens reifen zu lassen.

Juli –
die Früchte reifen

Juli

Der siebente Monat hat durch die sengende Sonne gewaltige Kräfte. Er macht die Früchte der Erde reif und trocken. Und er ist ausdörrend durch Stürme der Trockenheit, die mit Regen wechseln. Genau so sind die Beugen der Arme stark durch die Schulterblätter und durch die Hände, mit denen der Mensch alles Notwendige zusammenliest.

Ebenso riecht der Mensch, wie die Dinge der Natur beschaffen sind, und so unterscheidet und erkennt er, was nützlich und was unnütz ist. So wählt der Mensch das aus, was ihm bekömmlich ist und sammelt es in seinem Bauch.

Es hilft ihm, die gesundheitsfördernden Kräfte aufzubauen, nachdem die schädlichen Säfte aus seinem Organismus herausgefiltert und ausgetrocknet wurden. Mit maßvoller Unterscheidungsgabe ordnet er dies so kraftvoll an, wie die Gelenke der Arme durch die Schulterblätter und die Hände stark sind.

In seinem Gemüt merkt er sich alles, was seiner Gesundheit dient, und er sieht schon vorausschauend, was für ihn notwendig ist, so wie auch in diesem Monat die reifen Früchte eingesammelt werden.

Des Menschen Seele aber, dieser Geisthauch aus Gott, hat einen ausdörrenden Reiseweg vor sich, wie auch die göttliche Weisheit auf einem ausdörrenden Reiseweg den Kreis des Himmels umlief. Mit dieser Weisheit beginnt der Mensch seine Werke kraft der sieben Gaben des Heiligen Geistes und mit Hilfe seiner fünf Sinne und vollendet sie.

So ist auch der siebente Monat nützlich für alle Früchte der Erde. Wenn die Werke des Menschen ehrenhaft sind, sind sie wie reife Früchte, aber wie vertrocknete Früchte sind sie, wenn sie Verwirrung stiften. (Liber divinorum operum)

„Der siebente Monat hat durch die sengende Sonne gewaltige Kräfte. Er macht die Früchte der Erde reif und trocken. Und er ist ausdörrend durch Stürme der Trockenheit, die mit Regen wechseln."

„So sind die Beugen der Arme stark durch die Schulterblätter und durch die Hände, mit denen der Mensch alles Notwendige zusammenliest."

Austrocknende Hitze

Mit den drei Sommermonaten Juni, Juli und August befinden wir uns vergleichsweise mitten im Leben des Menschen. Sie bezeichnen den erwachsenen Menschen in der Vollkraft seines Lebens. Durch die Hitze der Sonne reifen alle Früchte der Ernte entgegen. Es ist ein leidenschaftlicher Monat.

Dieselbe Hitze, die die Früchte reif macht, dörrt sie auch aus durch die Stürme der Trockenheit. In anderen Weltgegenden ist die Trockenheit so stark, dass alles verdorrt. Mir fällt auf, dass Sonnenschein und wolkenloser Himmel als wünschenswertes Wetter gepriesen wird. Auch noch dann, wenn schon Dürre und Waldbrandgefahr drohen, wird uns in den Medien beinahe entschuldigend mitgeteilt, dass es vielleicht etwas Regen geben könne. Wissen wir überhaupt noch, wie wichtig die Feuchtigkeit ist?

Starke Hände

Wurden im Monat Juni die Schultern in ihrer Stärke besprochen, so wird jetzt die Aufmerksamkeit auf die Kraft der Gelenke der Arme und der Hände gerichtet, die von den Schultern gehalten werden. Ohne Hände können wir nicht handeln.

Der Mensch „liest" alles Notwendige zusammen - das ist heute eher ein ungebräuchliches Wort. Dazu fällt mir die „Weinlese" ein, die Ernte der Trauben. In diesem Monat geht es ganz konkret um die Beschaffung der lebensnotwendigen Dinge, insbesondere um eine bekömmliche Nahrung. Wer bisher geglaubt hat, dass Mystiker und von Geist erfüllte Menschen wie die heilige Hildegard von Bingen sich nicht um die irdischen Bedürfnisse kümmern würden, wird spätestens hier eines Besseren belehrt. Ihre Sichtweise des Menschen ist sehr umfassend:

DER MENSCH IST AUS GEIST UND MATERIE KOMPONIERT UND VON GOTT AUF DIESE ERDE GESETZT, UM DAS GUTE ZU WIRKEN.

Und dazu braucht er seine Hände. Hildegard spricht von der Welt als „fabrica dei", als Fabrik Gottes. In dieser Fabrik ist jeder Mensch an den für ihn passenden Ort gestellt, an seine eigene „Werkbank", für die er auch die notwendigen Fähigkeiten erhalten hat. So wenigstens ist es vom Schöpfer gedacht. Es ist eine Wohltat, Menschen zu begegnen, die den für sie bereiteten Platz gefunden haben, denn sie sind glücklich und lieben ihr Werk. Das geht quer durch alle Berufe.

Unterscheiden, was der Gesundheit dient

„Ebenso riecht der Mensch, wie die Dinge der Natur beschaffen sind, und so unterscheidet und erkennt er, was nützlich und was unnütz ist. So wählt der Mensch das aus, was ihm bekömmlich ist und sammelt es in seinem Bauch. Es hilft ihm, die gesundheitsfördernden Kräfte aufzubauen, nachdem die schädlichen Säfte aus seinem Organismus herausgefiltert und ausgetrocknet wurden. Mit maßvoller Unterscheidungsgabe ordnet er dies so kraftvoll an, wie die Gelenke der Arme durch die Schulterblätter und die Hände stark sind."

Mit der Nase riechen, was nützlich ist und dann mit den Händen einsammeln! Ich gehe sehr gerne auf den Wochenmarkt oder in den kleinen Gemüseladen um die Ecke, weil ich da alle Nahrungsmittel noch riechen kann. Wie viel Freude geht verloren, weil im Supermarkt fast alles in Plastik eingepackt ist.

In ihren naturheilkundlichen Werken gibt uns die heilige Hildegard sehr viele wichtige Hinweise für eine gesunde und bekömmliche Ernährung, die sich allerdings nicht immer mit den heute verbreiteten Ernährungslehren decken. Wir werden ermuntert, selbst zu unterscheiden, was uns bekömmlich ist, und es in unserem Bauch zu sammeln. Heute fragt man sich, wie viele Auswahlmöglichkeiten wir noch haben, nachdem wir mit unzähligen Ernährungsratgebern und Diätempfehlungen überhäuft werden.

Kraftvoll handeln

Hildegard von Bingen traut dem Menschen sehr viel zu: Er kann auswählen, was bekömmlich ist, damit baut er gesundheitsfördernde Kräfte auf. Die konkreten Hinweise in ihrer Ernährungslehre sind zahlreich und vielfältig. Sie beschreibt die Eigenschaften der Nahrungsmittel und Kräuter und ihre Zubereitung, sie weiß, welche Wirkungen sie in den verschiedenen Organen hervorrufen. Dabei ist es nicht gleichgültig, welche Speisen ich im Winter oder Sommer verzehre, ob ich krank oder gesund, alt oder jung bin.

JEDER IST SELBST GEFRAGT, SEINE EIGENE ENTSCHEIDUNG ZU FÄLLEN. DAS KANN IHM KEIN ANDERER ABNEHMEN, AUCH NICHT EIN BÜCHERSCHRANK VOLLER RATGEBER.

Genauso kraftvoll wie Arme und Hände sind, kann der Mensch mit maßvoller Unterscheidungsgabe die Kräfte aufbauen, die für seine Gesundheit notwendig sind. Entsprechend der Einsicht über eine bekömmliche Ernährung und Lebensführung müssen wir auch handeln. Es gelingt nur, wenn wir uns aufraffen, auch gegen den allgemeinen Trend etwas mutig anpacken.

Ein wichtiger Gedanke soll hier noch angefügt werden: Eine rein intellektuelle Einsicht reicht oft nicht aus, um unser Verhalten zu ändern. Viele Bücher, Vorträge und Seminare entwickeln kaum eine nachhaltige Wirksamkeit. Erst wenn ich spüre, was mir gut tut, wenn es mich im Herzen, im Gemüt anrührt, wenn ich körperliche Beschwerden spüre oder wenn es meine Lebensführung betrifft, dann werde ich handeln.

„IN SEINEM GEMÜT MERKT ER SICH ALLES, WAS SEINER GESUNDHEIT DIENT, UND ER SIEHT SCHON VORAUSSCHAUEND, WAS FÜR IHN NOTWENDIG IST, SO WIE AUCH IN DIESEM MONAT DIE REIFEN FRÜCHTE EINGESAMMELT WERDEN."

„Des Menschen Seele aber, dieser Geisthauch aus Gott, hat einen ausdörrenden Reiseweg vor sich."

Die Hitze auf dem Lebensweg

Wer an einem heißen Tag im Juli eine Wanderung machen will, weiß, was es heißt, beinahe ausgetrocknet zu werden. Pflanzen und Bäume verdorren in der Hitze und sterben manchmal ab. Es ist keine grüne Lebenskraft mehr in ihnen. Bei Hildegard wird das Wort „ariditas", Dürre, auch verwendet für einen kranken Menschen, der keine Lebenskraft mehr hat. Die Hitze des Lebens kann einen Menschen krank machen, sodass er kaum noch Kraft hat, um weiterzugehen.

Das ist wieder eines der starken Bilder der heiligen Hildegard: ein ausdörrender Reiseweg. Ich denke, dass viele Menschen sich unter diesem Wort etwas vorstellen können: der schöne Weg, der lange Weg, der mühsame Weg des Lebens. Je älter ein Mensch wird, desto mühsamer wird sein Weg. Die Seele, ein Geisthauch aus Gott, wird auf den Weg geschickt in eine wunderschöne Welt mit Tausenden von Möglichkeiten – und dann gibt es diese Durststrecken, wo einem die Zunge am Gaumen klebt. Ist denn keine Oase in Sicht?

Und wieder gibt die Prophetin Hildegard einen Ausblick: Die göttliche Weisheit selbst geht mit uns, *„wie auch die göttliche Weisheit auf einem ausdörrenden Reiseweg den Kreis des Himmels umlief".*

Als Christen wissen wir, dass der Sohn Gottes alle unsere Wege mitgeht, auch die ausdörrenden Reisewege. Wir sind nicht allein auf dem Weg. Christus gibt uns Kraft und zeigt uns das Ziel. Das viel zitierte Wort vom Weg, der das Ziel sei, ergibt für mich keinen Sinn, obwohl der Weg viele Impulse beinhaltet, die auf das Ziel hinweisen.

„Mit dieser Weisheit beginnt der Mensch seine Werke kraft der sieben Gaben des Heiligen Geistes und mit Hilfe seiner fünf Sinne und vollendet sie."
Um diesen Weg erfolgreich zu gehen, empfiehlt uns Hildegard, Kraft zu schöpfen aus den sieben Gaben des Heiligen Geistes und uns unserer fünf Sinne zu bedienen. Sie entfalten ihre ganze Wirksamkeit nur zusammen mit den – heute wenig bekannten – Gaben des Heiligen Geistes, die da sind: Weisheit und Verstand, Rat und Stärke, Wissenschaft und Frömmigkeit und die Furcht des Herrn.

Übung

Setzen Sie sich an einem sonnigen Julitag
kurz der sengenden Hitze der Sonne aus.
Spüren sie nach, mit welch gewaltiger
Leidenschaft die Früchte zur Reife
gebracht werden.

Was bedeutet das Wort „Leidenschaft"
in Ihrem Leben?
Kennen Sie es nur als zerstörerische Kraft,
die aus der Ordnung ausbricht?

Oder kennen Sie das:
sich leidenschaftlich für eine gute Sache,
für einen Menschen, für die
Gerechtigkeit und für die Liebe einsetzen?

So bekommt das Leben eine Würze,
einen neuen Schwung.
Um dabei nicht auszudörren,
brauchen wir die Feuchtigkeit
der göttlichen Gnade,
die uns an den Wassern des
Lebens erfrischt.

August –
der mächtige Fürst

August

„Der achte Monat gleicht in seinen Kräften einem mächtigen Fürsten, der in seiner vollen Kraft steht und alles ausfüllt. Sein besonderes Wesensmerkmal ist DIE FREUDE, aber durch die Hitze der Sonne ist er auch sengend, obwohl sein Tau von einer gewissen Frische ist.

Auch kann er schreckliche Gewitter bringen, weil die Sonne sich wieder ihrem Untergang zuwendet.

Die Eigenschaften dieses Monat zeigen sich in den HÄNDEN des Menschen, die viele Werke vollbringen und die Macht des ganzen Leibes in sich vereinigen, denn sie ziehen alles an sich heran, was sie können, und sie horten diese Dinge wie einen Schatz. Darum wird der Mensch wegen der Werke seiner Hände oft gelobt.

So findet der Mensch eine BESONDERE ERQUICKUNG durch das Schmecken des Mundes. Er erkennt die Kräfte der Nahrungsmittel durch den Geschmackssinn mehr und vollkommener als durch die anderen Sinne. Mit diesem starken Wissen kann er diese Kräfte nutzen, wie auch dieser Monat große Kräfte hat.

Auch hat der Mensch von innen heraus eine Freude, weil er weise unterscheiden kann, welche Dinge von kalter und warmer Natur ihm für seine Gesundheit zuträglich sind.

So hat auch dieser Monat die Hitze der Sonne und die Frische des Taus in sich. In solchem Wissen kann der Mensch diejenigen Dinge aussondern, die gefährlich und unnütz sind und die guten und nützlichen einsammeln.

Die Hände vollenden ihre löblichen Verrichtungen kraftvoll und rechtschaffen, einem Künstler gleich, der aus seiner künstlerischen Begabung heraus alle Teile seines Hauses so aufrichtet, dass er in ihnen sein ganzes Wesen weise zum Ausdruck bringt.

Die Seele aber tritt als Kämpferin hervor; mit ihrer Glückssehnsucht greift sie die ungebührlichen Gelüste des Menschen an und überwindet sie. Auf ihrem ausdörrenden Reiseweg umläuft sie die Kreisbahn und steigt vom ersten Augenblick an zum höchsten Gott empor. Sie kämpft nämlich mit dem Schild des Glaubens und mit der ganzen Waffenrüstung der Tugenden gegen die ungebührlichen Gelüste des Menschen. Wenn sie jene besiegt hat, freut sie sich gleichsam wie ein kampfesfroher Mann, der seinem Willen und seiner Absicht entsprechend seine Feinde überwunden hat …

Und er hortet gute und heilige Werke, über welche sich die ganze himmlische Schar freut und Gott dafür lobt.“

Ein starker Fürst, der Freude bringt

Der dritte und letzte Sommermonat ist in seinem Charakter den beiden vorhergegangenen sehr ähnlich. Die Sonne steht noch hoch und kann sehr heiß sein. Allerdings beobachten wir, dass die Tage kürzer werden, die Sonne nicht mehr so weit im Osten aufgeht und jetzt auch wieder der Tau fällt, sodass es abends und morgens schon frischer ist.

Ein mächtiger Fürst – ein eindrückliches Bild eines Herrschers, der nicht tyrannisch ist, sondern alles zum Wohle seines Volkes ordnet. In seinem Land wohnt die Freude. Die Früchte sind reif, die Felder und Bäume sind satt vom Segen Gottes. Aber nirgendwo auf dieser Erde ist die Freude ungetrübt. Gewitter bedrohen die Ernte, der Hagel kann die Früchte zerschlagen und Blitzeinschläge verheerende Brände verursachen.

Auch in diesem Monat sehen wir einen Hinweis auf den Menschen mitten in seiner vollen Lebenskraft; er ist allerdings schon etwas reifer und nicht mehr so ungestüm. Er hat sich seinen Lebensbereich geschaffen, beruflich und familiär, den er mit Umsicht und Stabilität ausfüllt. Es wäre jedoch trügerisch zu hoffen, dass die Gewitter ausbleiben. Kein Mensch ist ständig ausgeglichen, immer wieder brechen Gefühlsstürme aus und Schicksalsschläge können schwere Prüfungen darstellen. Wir verstehen: In der Natur bekommen wir einen Spiegel für unser Leben vorgehalten.

„Der achte Monat gleicht in seinen Kräften einem mächtigen Fürsten, der in seiner vollen Kraft steht und alles ausfüllt. Sein besonderes Wesensmerkmal ist die Freude…"

Schätze horten

Die Hände als Werkzeug aller Werkzeuge vereinigen die ganze Macht des Leibes in sich, so sagt es die hl. Hildegard, „... *denn sie ziehen alles an sich heran, was sie können, und sie horten diese Dinge wie einen Schatz. Darum wird der Mensch wegen der Werke seiner Hände oft gelobt.*"

Staunend stehen wir vor den großartigen Werken des Menschen. Aus den einfachen und umgeformten Elementen dieser Erde schafft er mit seiner Kunstfertigkeit bewundernswerte Dinge, angefangen von den einfachen Werkzeugen und Skulpturen der frühen Menschheitsgeschichte bis hin zur hoch entwickelten Technik der Weltraumfahrt.

AUCH IM KLEINEN IST JEDER MENSCH STOLZ UND GLÜCKLICH ÜBER DAS, WAS ER SICH MIT SEINER HÄNDE ARBEIT ERRUNGEN HAT. ER BEHÜTET ES WIE SEINEN SCHATZ.

Hildegard mahnt uns aber, daran zu denken, dass der Mensch das Seinige nicht aus sich selber hat, damit er nicht sein eigenes Werk für Gott hält. Auch kann der Mensch nichts Lebendiges schaffen, weil er nicht der Ursprung des Lebens, sondern selbst nur ein geschaffenes Geschöpf ist. Welcher Mensch könnte ein Weizenkorn schaffen, das in die Erde gelegt, keimt und einen Halm mit vielen Körnern trägt?

„Die Hände vollenden ihre löblichen Verrichtungen kraftvoll und rechtschaffen, einem Künstler gleich, der aus seiner künstlerischen Begabung heraus alle Teile seines Hauses so aufrichtet, dass er in ihnen sein ganzes Wesen weise zum Ausdruck bringt."

„Auch hat der Mensch von innen
heraus eine Freude, weil er weise
unterscheiden kann, welche Dinge
von kalter und warmer Natur ihm für
seine Gesundheit zuträglich sind."

Erquickung durch das Schmecken

Mit der Reifung der Früchte ist die Ernährung auch ein Thema des Monats August. Hildegard spricht davon, dass der Mensch durch das Schmecken eine besondere Erquickung findet. Das Wort *Erquickung* ist heute nicht mehr im Gebrauch, schon gar nicht in Zusammenhang mit der Ernährung.

Ich frage mich allen Ernstes, ob dieser Satz noch in die heutige Ernährungsdiskussion passt oder ob es mittelalterlich ist, mich darüber zu freuen, dass ich weiß, welche Nahrung für meine Gesundheit zuträglich ist. Mir wird eingeredet, dass ich meinem Geschmackssinn nicht trauen kann. Weiß ich denn noch, ob mir mein Durstgefühl anzeigt, wie viel Flüssigkeit ich benötige? Es wird eine starre Größe von zwei bis drei Litern genannt, unabhängig von Alter, Jahreszeit, Arbeitsleistung. Ein ganzer Industriezweig lebt vom Verkauf von sogenannten Nahrungsergänzungsmitteln, weil den Menschen suggeriert wird, dass sie sonst mangelernährt seien. Die Angebote für Arzneimittel bei Magen- und Darmproblemen erscheinen täglich in der Werbung. Die Angst vor hohen Cholesterinwerten drückt die Stimmung.

Von Freude ist bei alledem weit und breit nichts zu sehen. Die Nahrungsmittel werden auf ihre verschiedenen Inhaltsstoffe und die Anzahl ihrer Kalorien hin analysiert. Hildegard von Bingen weiß, dass es nicht auf die Menge der einzelnen Bestandteile ankommt, sondern auf die subtile Mischung, weil jeder Teil mit den anderen korrespondiert. Sie verwendet das Wort „subtilitas", also „Wesensfeinheit" oder „Feinstofflichkeit", die keine noch so exakte naturwissenschaftliche Analyse feststellen kann.

Dabei ist vom Schöpfer auch die Abstimmung zwischen Natur und Mensch genial eingerichtet. Beim Würzen der Speisen z.B. können wir uns ganz sicher auf den Geschmackssinn verlassen, weil ein Zuviel oder Zuwenig einfach nicht schmeckt. Dazu kommt, dass Hildegard von Bingen uns mit ihrem Wissen über die Kräfte der Natur auch noch sagen kann, welche heilende Wirkung Gewürze und Kräuter haben. Mit diesem „starken Wissen" können wir das zu uns nehmen, was uns zuträglich ist und ausscheiden, was uns schadet. Damit werden wir nicht nur gesund, sondern auch innerlich heiter und froh.

Wenn heute oft zu hören ist: Gesundheit ist teuer, so liegt dem ein Missverständnis zugrunde. Richtig heißt es: Kranksein ist teuer.

FÜR DAS ESSEN DANKBAR ZU SEIN UND SICH DARÜBER ZU FREUEN, KOSTET GARANTIERT NICHTS UND IST DIE BESTE VORAUSSETZUNG FÜR GESUNDHEIT.

Von der Schlemmerei

*„Dieses Laster will die Menschen
von den Wünschen nach dem
Paradies ablenken ...
Denn die Schlemmerei stellt
die Gedanken der Menschen
zusammen mit der Machtgier
in einer hohlen und leeren Weise auf.
Wenn sie nämlich ihren
Bauch aufgefüllt haben,
fangen sie an, stolz zu werden,
wie wenn sie an allen Gütern
Überfluss hätten ...
Für diese gilt, dass ihr Bauch
ihr Gott ist ... Ihr Vertrauen setzen
sie in die unmäßig genossene Speise,
aber diese Zuversicht endet
in der Täuschung ...
Deshalb soll der Mensch,
der Gott dienen will,
die Gefräßigkeit meiden,
und den Bauch davor zurückhalten."*

Die Glückssehnsucht

Wer würde bei diesem Wort nicht sofort freudig zustimmen? Die Sehnsucht nach Glück ist es doch, die uns im Innersten unser Leben lang antreibt. Aber was ist Glück? Wo und auf welchem Wege finden wir es? Vielleicht können wir uns darauf einigen, dass das Glück nicht außen, sondern nur im Inneren der Seele zu finden ist, wenn der Mensch mit sich selbst in Übereinstimmung lebt.

Die Seele kämpft für das Glück. Können wir diese Formulierung annehmen, obwohl das Wort Kampf heute keinen guten Klang hat? Warten wir nicht eher darauf, dass uns das Glück in den Schoß fällt? Vielleicht ist das sogar der Grund, warum uns das Glück zu selten findet. Und schon stößt uns in diesem Text wieder ein Wort auf: ungebührliche Gelüste. Man kann es vielleicht am Thema „Freude am Essen – Schlemmerei" verstehen. Es dürfte jedem einleuchten, dass derjenige keine Freude am Essen hat, der die Speisen gierig in sich hineinschlingt und nicht weiß, wann er aufhören muss. Auch jenem fehlt die Freude, der seinen Gelüsten nach Süßigkeiten nicht widerstehen kann. Er leidet nicht nur chronisch an einem schlechten Gewissen, sondern belastet auch seinen Organismus auf eine sehr gefährliche Weise.

„DIE SEELE BEDRÄNGT DEN MENSCHEN, WENN ER GEGEN SEINE BESSERE EINSICHT HANDELT."

Hildegard beschreibt das Laster der Schlemmerei mit sehr drastischen Worten. Wir finden diese Stellen in ihrem Liber vitae meritorum – Buch der Lebensverdienste.

Wie wir alle wissen, ist die Schlemmerei nur eine von vielen möglichen „ungebührlichen Gelüsten", gegen die anzukämpfen sehr mühsam und von vielen Rückschlägen begleitet ist. Zuvor stellt sich aber die Frage, inwieweit überhaupt die Einsicht da ist, ein schädliches Verhalten ändern zu müssen.
Ulrich Schaffer beschreibt es so: „Die Seele sagt zum Körper: ‚Geh du voran, auf mich hört der Mensch ja nicht.' Der Körper antwortet der Seele: ‚Ich werde krank werden, dann wird der Mensch (vielleicht) auf dich hören.'"

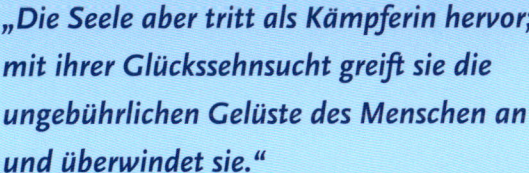

„Die Seele aber tritt als Kämpferin hervor; mit ihrer Glückssehnsucht greift sie die ungebührlichen Gelüste des Menschen an und überwindet sie."

Die Blüten der guten Werke

Hildegard von Bingen war das Wort „Sünde" sehr geläufig. Heute ist es gewöhnungsbedürftig, denn in einer falsch verstandenen Sorge um das Seelenheil wurde es häufig verwendet, um die Menschen zu maßregeln. Der heilige Paulus führt uns weiter, indem er sagt: Wer nicht aus Überzeugung handelt, begeht eine Sünde. Er sondert sich von sich selbst und von Gott ab. Die hl. Hildegard sagt, dass der Mensch genau weiß, was gut ist, auch wenn er es nicht tut.

Aus vielen Gesprächen mit verschiedenen Menschen bin ich sicher, dass dieses innere Wissen da ist. Mit immer neuen Ausreden und Beschwichtigungen aber macht sich der Mensch selbst glauben, dass er beispielsweise immer etwas über den Hunger essen müsse, aus verschiedenen Gründen auf Schokolade nicht verzichten könne, dass eine Sahnetorte nicht schadet... Erst wenn der Mensch ehrlich sich selbst gegenüber und innerlich erschüttert ist über sein Tun, kann er sein Verhalten ändern. Er kann bereuen, weil er weiß, dass Gott ihn auch und gerade als schwachen, fehlerhaften Menschen liebt. Hildegard sagt, dass die Tränen der Reue eine wirkliche Medizin sind, die dem Menschen große Kraft verleihen, so wie die Sonne im August sehr kräftig ist.

„Wenn der Mensch in der Liebe zu Gott brennt wie in der Hitze der Sonne, dann vergießt er Tränen der Reue über seine Sünden."

„Dieser Mensch verwirklicht die Blüten der guten Werke und der heiligen Tugenden, an denen er niemals Überdruss bekommen kann. So schreitet er mit großen Kräften täglich voran. Und er hortet gute und heilige Werke, über welche sich die ganze himmlische Schar freut und Gott dafür lobt."

Übung

Gehören Sie zu jenen Menschen,
für die das Essen an sich schon ein Problem ist,
die bei jedem Bissen ein schlechtes Gewissen
haben, weil die Cholesterinwerte
steigen könnten?

Oder wissen Sie, dass Ihr Essverhalten
nicht geordnet ist?
Stopfen Sie einfach alles gedankenlos
in sich hinein?
Es kann auch sein, dass Sie
manches in sich „hineinfressen".
Denken Sie daran,
dass Gott Ihr Tischgenosse sein will.

Dann decken Sie zuerst den
Tisch festlich mit Blumen und Kerzen.
Dann genießen Sie das Essen zuerst
einmal mit den Augen,
und erfreuen sich an den Farben.
Dann genießen Sie das Essen mit der Nase,
ziehen Sie den Duft genüsslich in sich hinein.

Sie haben das alles nicht selbst gemacht,
es sind Geschenke unseres liebenden Vaters.
Essen Sie mit Genuss, Dankbarkeit und Freude,
und das Essen wird ein Festmahl.

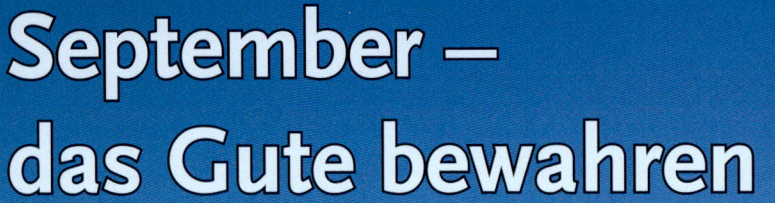

September –
das Gute bewahren

september

„Der neunte Monat ist Reifezeit. Keine schrecklichen Gewitter verzerren mehr sein Gesicht. Er nimmt von allen Früchten, die gut zu essen sind, allen wertlosen Saft weg; denn er behält alle sicher gleichsam in einem Säcklein.

Daher ist er auch in seinen Eigenschaften wie der Bauch des Menschen. In ihm wird alles, was in ihn hineingeschickt wird, durch die Wärme der Leber und der übrigen Eingeweide ausgekocht. Durch die richtige Mischung an Wärme und Kälte wird es auf die festgesetzte Weise dann richtig ausgeschieden. Aber dieser Vorgang wird manchmal durch Krankheiten außer Kraft gesetzt.

Der Mensch erkennt durch seinen Tastsinn die Früchte, die zum Essen reif sind. Erst jetzt wird er sie essen, damit durch die Unreife seine Säfte nicht gestört werden und er in eine Krankheit fällt. So entfernt auch dieser Monat den nicht bekömmlichen Saft aus den Früchten.

Der Mensch strebt auch danach, nicht unmäßig zu leben, um sich richtig und genügend zu sättigen und sich gut zu erholen, damit die Säfte in ihm nicht durch minderwertigen, krank machenden Eiter (Wundjauche) aufgewühlt werden. Und so liest er sich jegliche nützlichen Dinge sorgsam zusammen.

Auf diese Weise verschließt jeder die Sachen, die er liebt, sorgfältig, damit sie ihm nicht weggenommen werden ... So erweist sich in diesem Monat alles als reif, wovon später der Saft austrocknet.

Die Seele aber, die durch viele Kämpfe, Mühen und Drangsale verwirrt wird, steigt in guten Werken mit Freude zu den himmlischen Wirklichkeiten empor, in den bösen Werken aber durch die Traurigkeit hinunter ... Die Seele schreibt in demütiger Haltung alles, was sie Gutes getan hat, jenem zu, der das höchste Gut ist und von dem sie alles erhält.

Dann bringt die Seele dem Menschen mit großer Geduld zum Bewusstsein, dass Gott für das Heil des Menschen die menschliche Gestalt angenommen hat ... Die Geduld überwindet zusammen mit der Demut den Stolz, indem sie den Menschen ermahnt, dass er nicht die Hoffnung auf die Barmherzigkeit Gottes verlieren solle ...

Gerade die Geduld ist auf dem rechten Wege, weil sie die himmlischen Wirklichkeiten nicht verlässt und auch die irdischen nicht verachtet. In allem überlässt sie sich weder ausgelassener Fröhlichkeit noch stürzt sie in dunkle Traurigkeit ...

Und der Mensch hortet durch die guten Taten all die guten und heiligen Dinge, über die die ganze himmlische Schar sich freut und dafür Gott lobt."

Reifezeit

Auch der September als Monat der Reife hält uns Menschen den Spiegel vor: Nach der Lebensmitte sprechen wir von den Reifejahren. Der Höhepunkt des Lebens ist überschritten, im Beruf ist der Aufstieg beendet, die Kinder sind erwachsen und gehen ihre eigenen Wege, die körperlichen Kräfte lassen langsam nach, und der unruhige Drang der tätigen Jahre macht einer langsameren Gangart Platz.

Bei dieser Betrachtung fällt mir auf, dass heute kaum mehr von der Reife des Lebens gesprochen wird als vielmehr von der „midlife crisis", der Krise der mittleren Jahre. Etwa um das 50. Lebensjahr herum geht es langsam abwärts. Das macht Angst, man möchte doch noch etwas vom Leben haben. Wer dann noch auf das Gaspedal steigt, riskiert, dass er aus der nächsten Kurve getragen wird.

Was macht den Unterschied aus zwischen Reifezeit und „midlife crisis"?

IN DER KRISE DER MITTLEREN JAHRE ERWEISEN SICH DIE BISHERIGEN ZIELE UND INHALTE DES LEBENS ALS BRÜCHIG, UND ES STELLT SICH DIE FRAGE, WOZU DAS ALLES GUT WAR.

Wenn ein Mensch mit den Jahren reifer wird, dann heißt das doch wohl, dass er das Leben von einem anderen Gesichtspunkt her betrachtet, dass er gelassener und weiser wird. Er fragt sich, welches die Früchte sind und was der Sinn des Lebens ist. Hier sehen wir ganz klar die Parallele zum Monat September.

Nach den hitzigen Monaten kehrt langsam Ruhe ein, und die Zeit der Ernte ist da. Es braucht viel Geduld, die Früchte in Ruhe reifen zu lassen, aber erst dann sind sie bekömmlich und der Gesundheit zuträglich. Wir können durch das Anfassen der Früchte feststellen, ob sie schon weich und reif sind. Unreife Früchte sind nicht nur hart und bitter, sondern können auch schwere Krankheiten auslösen. Unsere Sinne können uns unzweifelhaft sagen, wann wir etwas essen dürfen. Wieder einmal wird uns deutlich, wie sehr der Mensch und die Natur aufeinander hin geordnet sind.

Jeder Eingriff in diesen natürlichen Ablauf rächt sich. Durch die globale Vermarktung und die modernen Lagerungsmethoden werden immer mehr Früchte unreif geerntet. Es wird aber nicht thematisiert, wie viele Krankheiten hierdurch ausgelöst werden können.

VIELLEICHT ERWEIST SICH AM ENDE DER EINKAUF VON NAHRUNGSMITTELN, DIE SCHEINBAR BILLIGER, ABER MIT PESTIZIDEN UND HERBIZIDEN BEHANDELT SIND, ALS SEHR VIEL TEURER ALS DIE ÖKOLOGISCH GEWACHSENEN IM GEMÜSELADEN AN DER ECKE.

„Der neunte Monat ist Reifezeit ... Er nimmt von allen Früchten, die gut zu essen sind, allen wertlosen Saft weg; denn er behält alle sicher gleichsam in einem Säcklein."

Der Bauch

Weil der Monat September die reifen Früchte für den Verzehr sammelt, wird er mit dem Bauch, mit den Verdauungsorganen verglichen. Hildegard hat in ihren medizinischen Werken in einer einmaligen Systematik die Entstehung von Krankheiten beschrieben. Die Gesundheit des Menschen hängt in entscheidender Weise von einer richtig funktionierenden Verdauung ab. Alles, was in den Magen „hineingeschickt" wird, muss dort durchgekocht werden. Deshalb sollen wir keine zu kalten Speisen und Getränke zu uns nehmen, da dadurch die richtige Mischung an Wärme und Kälte im Organismus durcheinandergebracht wird.

Hildegards Warnung vor zu viel Rohkost wird durch neueste Erkenntnisse bestätigt. Ganz anders als bei modernen Ernährungslehren, die nur allgemeine Hinweise geben, weist Hildegard darauf hin, dass die Konstitution und Veranlagung des einzelnen Menschen beachtet werden muss. Wer zum Beispiel häufig an Verdauungsproblemen leidet, sollte daran denken, dass er möglicherweise einen „kalten Magen" hat und deshalb schwer verdauliche Speisen wie Rohkost, Gurken, Kraut, Kohl nicht verträgt. Ganz besonders ist dann darauf zu achten, dass man nur voll ausgereifte Früchte isst.

Eine Krankheit kann die vom Schöpfer so genial eingerichteten Vorgänge außer Kraft setzen.

„Der Monat September ist daher auch in seinen Eigenschaften wie der Bauch des Menschen.
In ihm wird alles, was in ihn hineingeschickt wird, durch die Wärme der Leber und der übrigen Eingeweide ausgekocht. Durch die richtige Mischung an Wärme und Kälte wird es auf die festgesetzte Weise dann richtig ausgeschieden. Aber dieser Vorgang wird manchmal durch Krankheiten außer Kraft gesetzt."

Dinkel

An dieser Stelle können nur einige kurze Hinweise für eine bekömmliche Ernährung gegeben werden.

- Das bekömmlichste Getreide ist der Dinkel: Er schafft rechtes Fleisch und Blut und heilt den Menschen von innen.

- Der Fenchel ist einfach nur gesund, schafft eine gute Verdauung und hilft, Fäulnisherde im Menschen zu mindern.

- Der Galgant ist ein scharfes Gewürz, das zugleich herzstärkend und entzündungshemmend wirkt.

- Flohsamen ist inzwischen recht bekannt, reinigt den Darm und hilft zu einer geregelten Verdauung.

Wenn auch das Leben nicht nur aus Essen besteht, so ist eine bekömmliche Nahrung doch in biologischer Hinsicht die Grundlage des Lebens. Es ist nicht von ungefähr, dass eine Mystikerin wie Hildegard von Bingen so viele Anweisungen für die Ernährung gibt.

Fenchel

Galgant

Richtig satt werden und sich erholen

„Der Mensch strebt auch danach, nicht unmäßig zu leben, um sich richtig und genügend zu sättigen und sich gut zu erholen, damit die Säfte in ihm nicht durch minderwertigen, krank machenden Eiter (Wundjauche) aufgewühlt werden. Und so liest er sich jegliche nützlichen Dinge sorgsam zusammen."

Wieder begegnet uns der Hinweis, nicht unmäßig zu leben. Wer darin eine Maßregelung sieht, die einem die Freude am Essen nehmen soll, hat alles gründlich missverstanden. Wer mäßig lebt, wer weiß, wann er satt ist und dann auch aufhören kann, hat die besten Chancen, sich am Essen zu freuen. Durch Unmäßigkeit können die Körpersäfte durch übel riechende Gärungen im Darm aufgewühlt werden.

DIE MÄSSIGKEIT BEIM ESSEN UND TRIN-KEN BEWAHRT UNS VOR KRANKHEITEN. DEM MENSCHEN SOLL ES GUT GEHEN. ALLE SCHRIFTEN DER HEILIGEN HILDEGARD SIND DURCHZOGEN VON WOHLWOLLEN UND MENSCHENFREUNDLICHKEIT.

Wer aber nur die eigene Bedürfnisbefriedigung im Sinn hat, ohne Rücksicht auf die göttliche Ordnung, wird unzufrieden und missmutig. Er ist wie in einem Gefängnis eingesperrt

„Aber nun schaue doch auf die Sonne, den Mond und die Sterne und auf die ganze Pracht der Grünkraft der Erde, dann siehst du, wie viele Wohltaten Gott dem Menschen schenkt."

Ein unglaublicher Reichtum steht uns zur Verfügung, den wir nur einzusammeln brauchen, sorgsam, voll Freude und Dankbarkeit.

WAS ICH AN NÜTZLICHEN DINGEN UND AN GUTEN ERKENNTNISSEN GESAMMELT UND LIEB GEWONNEN HABE, SOLL ICH AUCH VERSCHLIESSEN, DAMIT ES MIR KEINER WEGNIMMT.

Wenn ich erfahren habe, was mir gut tut, werde ich es pflegen und in meine Lebensführung einbauen.

Alle Früchte, die jetzt reif sind, können auch getrocknet werden und im Winter zur Nahrung dienen. Deshalb sollen wir vorsorglich horten und sammeln, was uns nützt. Dazu hilft uns unser Tastsinn, denn mit seiner Hilfe können wir als wertlos erkennen und ausscheiden, was unreif, faul oder wertlos ist. Dasselbe geschieht bei der gut funktionierenden Verdauung, wo die nicht mehr zu verwertenden Stoffe in einer ordnungsgemäßen Weise ausgeschieden werden.

sammeln von geistigen Früchten

Natürlich dürfen wir nicht beim Horten von Lebensmitteln und materiellen Gütern stehen bleiben, wenn unser Leben gelingen soll.

Ich erinnere mich an ein hübsches Kinderbuch über Frederick, eine kleine liebenswerte Maus, die das eintönige Leben der Mäuse, die mit Nahrung beschaffen und Aufzucht der Jungen beschäftigt waren, durch Geschichtenerzählen auflockerte. Als es im Herbst daranging, Früchte für den Winter zu horten, saß Frederick nur herum und schaute in den Wald. Die anderen Mäuse stellten ihn zur Rede und fragten, warum er ihnen nicht helfe. Er antwortete: „Ich sammle Farben." Als dann die langen Winterabende kamen und die Mäuse trübsinnig in ihrer Höhle saßen, fing Frederick an, mit seinen Erzählungen die schönsten Farben in die Höhle zu zaubern.

Es ist Erntezeit, Zeit, um mich zu fragen, wie die Ernte meines Lebens aussieht. Meist denken die Menschen an Häuser, Bankkonten, Autos, an beruflichen Erfolg, an Ehren und Reputationen.

Das sind sicher wichtige Dinge, die einen großen Teil unseres Lebens ausmachen. Aber sind es die wichtigsten, bestehen darin die bleibenden Früchte? Welche Früchte lohnen sich zu horten und welche beginnen bereits zu faulen, bevor wir sie verzehren können? Mich erschrecken manchmal die Augen von älteren Menschen, die leer und hoffnungslos zu sein scheinen. Sie scheinen zu fragen: „Wo sind die Schätze meines Lebens, was bleibt übrig?" Das stimmt mich sehr traurig.

Geistige Reife durch Geduld

Die geistigen Früchte reifen, genauso wie die Früchte der Natur, nur sehr langsam und unter großen Mühen. Es geht um die Reifung als Mensch, der in die Liebe und in den Glauben hineinreifen soll.

Die Früchte des Geistes sind nach den Worten des hl. Paulus: Liebe, Freude, Friede, Sanftmut, Demut, Bescheidenheit, Geduld. Hildegard beschreibt die Geduld als eine Ritterrüstung (Harnisch), die von keinem Pfeil durchbohrt werden kann und den Menschen wieder mit guten Taten voranbringt. Die Geduld mit sich selbst scheint mir eine sehr schwierige Sache zu sein, da viel zu oft der gute Wille im Ansatz stecken bleibt, sodass die Frucht nicht ausreifen kann. Erwarte ich zu viel von mir? Schadet es meinem Selbstwertgefühl, dass ich so wenig geistige Fortschritte mache?

Die heilige Hildegard schaut in ihrer mystischen Kontemplation, wie der Mensch in den vielen Kämpfen, in Mühen und Drangsalen verwirrt wird und in die Traurigkeit hinunterfällt. Sie schaut aber auch, dass nur die Geduld mit sich selbst in der Hoffnung auf Gott aus dieser unfruchtbaren Traurigkeit herausführt.

Die heilige Hildegard weiß, dass wir gerne stolz auf uns wären. Aber der Stolz gehört zu jenen Lastern, die den Menschen die geistigen Reichtümer entreißen. Der Mensch soll das Gute, das er tut, nie sich selbst zuschreiben.

Diese Liebe Gottes, die sich in der Menschwerdung Jesu Christi gezeigt hat, erschüttert den Menschen, wenn er sich dieser Liebe öffnet, und entfacht auch in ihm das Feuer der Liebe. So können die faulenden Taten des Menschen – Verbitterung, Hoffnungslosigkeit, Lieblosigkeit – verwandelt werden in grüne Tugenden, die Laub und Früchte tragen. Dazu braucht der Mensch Geduld, die ihn ermahnt, dass er nicht die Hoffnung auf die Barmherzigkeit Gottes verlieren solle.

> *„Die Seele schreibt in demütiger Haltung alles, was sie Gutes getan hat, jenem zu, der das höchste Gut ist und von dem sie alles erhält ... Dann bringt die Seele dem Menschen mit großer Geduld zum Bewusstsein, dass Gott für das Heil des Menschen die menschliche Gestalt angenommen hat."*

Die rechte Mäßigung

DIE VOLLE GEISTIGE REIFE ZEIGT SICH IN EINER GEWISSEN GELASSENHEIT, DIE KEINER SACHE MEHR BEDEUTUNG BEIMISST, ALS IHR ZUSTEHT.

Sie hat ihren Anker in Gott ausgeworfen und kann nicht mehr so leicht aus dem Gleichgewicht gebracht werden, ist nicht mehr so himmelhoch jauchzend und zu Tode betrübt. Dieser Mensch wird zwar in den Schwierigkeiten des Lebens innerlich durchgeschüttelt, kann sich aber mit der Kraft Gottes tapfer wehren. Er ist verbunden mit der geistigen Welt Gottes und steht trotzdem mit beiden Füßen in der Welt.

„Und er hortet durch die guten Taten all die guten und heiligen Dinge, über die die ganze himmlische Schar sich freut und dafür Gott lobt."

Übung

Nehmen Sie einen reifen, rotbackigen Apfel in die Hand,
am besten direkt vom Baum.
Der Baum hängt voll von diesen herrlichen Früchten,
reichlich und freigebig werden wir beschenkt.

Denken Sie daran, wie lange es gebraucht hat,
bis diese Früchte gereift sind: viele Monate.
Sie mussten Stürme und Unwetter, Hitze und Trockenheit,
vielleicht sogar Hagelschlag überstehen.

Nach einem langen Leben
wollen auch wir die Früchte einsammeln.

Welche Früchte sind gereift in den Stürmen des Lebens,
wie viele sind unreif abgefallen?
Sind wir reich geworden durch Liebe, Wohlwollen und Geduld?

Sind unsere Herzen und Hände mit Früchten gefüllt,
an denen wir uns und andere sich erfreuen können?
Der Mensch, der Gutes wirkt, ist wie ein Obstgarten,
der voll ist von den Früchten guten Tuns.

Oktober –
die Weisheit des Alters

Oktober

„Der zehnte Monat kann mit einem sitzenden Menschen verglichen werden. Er eilt nicht mehr mit voller Lebenskraft dahin, denn durch seine Kräfte fliegt er nicht in der Grünkraft daher noch bereitet er Wärme. Er entblättert die Zweige der Bäume und schwitzt Kälte aus.

So faltet sich auch der hockende Mensch zusammen, um der Kälte zu entgehen. Er zieht sich in diesem Monat ein Kleid an, weil er sich dadurch wärmen kann. Das ist ein Beispiel dafür, dass der Mensch, wenn er im Alter zu frieren beginnt, auch weiser geworden ist als früher. Er hat die kindischen Sitten satt und lässt den Wankelmut schlüpfriger und dummer Sitten in diesem reifen Alter austrocknen. Er meidet die Gesellschaft dummer Leute, damit sie ihn durch ihre Unerfahrenheit nicht enttäuschen. Denn schon wegen der Alterskälte lassen in ihm die unnützen und kurzlebigen Vergnügen des Lebensgenusses nach. So ist dieser Monat nicht wegen grüner Lebenskraft angenehm, da ja durch dessen Trockenheit und Kälte die Äste entlaubt werden.

Die Seele aber, geschaffen als lebendes und kluges Häuchlein aus Gott, der wahrhaftig die Weisheit selber ist, belehrt den Menschen, dass er die Dinge festhalte, die von Gott selbst kommen. Im glücklichen Menschen unterwirft sie mit ihren Kräften durch die Gnade Gottes ihren Leib und verschafft ihm einen Genuss an guten Dingen.

Wenn nämlich manchmal das Fleisch jenes Menschen durch die Lust des Genusses gereizt worden ist, dann ist die Seele verwundert und entrüstet und löscht jenes Gift aus Gefäßen und Mark und stoppt es ab.
Und durch die Gnade des Heiligen Geistes tröstet sie den Menschen zusammen mit der Lehre der heiligen Schriften von den Lastern weg zu den Tugenden hin. Damit er nicht matt werde in den Sünden, liest die Seele den Menschen zusammen und nimmt ihn fürsorglich in ihre Obhut."

Der sitzende Mensch

Ein überraschend eindrückliches Bild bietet sich uns für den Monat Oktober mit dem sitzenden Menschen. Die Lebenskraft nimmt ab, er hat nicht mehr den Schwung der vorhergehenden Monate. Die Lebensfarbe Grün verwandelt sich immer mehr in die wunderschönen gelb-braunen Rottöne der Blätter, die aber bereits die Verwesung in sich tragen. Dieser Monat entblättert die Bäume und er schwitzt die Kälte spürbar aus.

Er ist ein Spiegel für den alternden Menschen. Seine Bewegungen werden langsamer, er liebt die Ruhe und Behaglichkeit. Er sitzt gerne und läuft nicht mehr so viel.

Heute leben wir in einer sogenannten „Jugendkultur", in einer Gesellschaft, in der nur der junge Mensch zählt. Deshalb heißt das Schlagwort: „anti aging", gegen das Altern. Wenn dieses Schlagwort meint, das Älterwerden nicht wahrhaben, die Jugend konservieren zu wollen, dann verhindert es die geistige Reifung des Menschen.

WER SICH GEGEN DEN „BIO-RHYTHMUS GOTTES" WEHRT, NIMMT SICH DAMIT DIE WICHTIGSTEN KRÄFTE FÜR DIE GEISTIGE REIFUNG.

Die körperliche Vitalität nimmt ab, und der Mensch wird wieder mehr auf sich selbst zurückverwiesen, er erfährt seine persönlichen Grenzen. Mit dem Beginn des Rentenalters wird sehr schmerzhaft bewusst, dass von einem Tag auf den anderen eine Aufgabe wegbricht, die einen oft ein ganzes Leben lang begleitet hat. Braucht mich jetzt denn niemand mehr, bin ich nichts mehr wert?

„Das ist ein Beispiel dafür, dass der Mensch, wenn er im Alter zu frieren beginnt, auch weiser geworden ist als früher". Wieder stoßen wir bei der hl. Hildegard auf einen ungewohnten Gedankengang: wenn der Mensch zu frieren beginnt, ist er auch weiser geworden. Frieren zu müssen ist sehr unangenehm, und es kann durchaus auch das Frieren der Seele gemeint sein.

Ein weiser Mensch wird sich zunächst überlegen, was er noch körperlich zu leisten vermag. Ein jahrelang geübter Sport kann zum gesundheitlichen Risiko werden, wenn der Mensch nicht rechtzeitig seine Aktivitäten zurückschraubt. Ein weiser Mensch wird verstehen, was seiner Seele zuträglich ist, welchen seelischen Ballast aus den jüngeren Jahren er jetzt abladen muss und welche geistigen Schätze er sich erhalten will. Er wird sich auch die Gesellschaft von Menschen aussuchen, die zu ihm passen.

Zunehmende Weisheit

„So faltet sich auch der hockende MENSCH zusammen, um der Kälte zu entgehen. Er zieht sich in diesem Monat ein Kleid an, weil er sich dadurch wärmen kann. Das ist ein Beispiel dafür, dass der Mensch, wenn er im Alter zu frieren beginnt, auch weiser geworden ist als früher."

„Er hat die kindischen Sitten satt und lässt den Wankelmut schlüpfriger und dummer Sitten in diesem reifen Alter austrocknen. Er meidet die Gesellschaft dummer Leute, damit sie ihn durch ihre Unerfahrenheit nicht enttäuschen. Denn schon wegen der Alterskälte lassen in ihm die unnützen und kurzlebigen Vergnügen des Lebensgenusses nach.“

Kurzlebige Vergnügen

Im Oktober zieht der Baum den Saft aus den Blättern und Zweigen zurück; der älter werdende Mensch zieht sich von vielen Vergnügungen zurück. Hildegard beschreibt diese Situation folgendermaßen:

Vieles, was noch vor Jahren Spaß machte, hat seinen Reiz verloren. Es sind unnütze und kurzlebige Vergnügungen, die oft nur ein schales Gefühl hinterlassen. Ich frage mich manchmal, ob es wirklich zunehmende Weisheit ist oder auch ein Stück Ressentiment darüber, dass diese Dinge vergangen sind. Die Ablehnung der oberflächlichen Vergnügungen wird von älteren Menschen leider oft in einer sehr lieblosen und unduldsamen Weise geäußert, als ob sie sich nicht mehr daran erinnern würden, dass sie selbst früher einmal das Gleiche getan haben. Etwas mehr liebevolles Verständnis für die Jugend würde dem Generationenfrieden gut anstehen.

Gleichzeitig hat der moderne Tourismus die Senioren als zahlungskräftige Kunden schon lange entdeckt. Manch einer kehrte müde, enttäuscht und leer von einer Ausflugsfahrt oder gar einer Kreuzfahrt zurück. Vielerlei touristische und kulturelle Angebote werden widerwillig absolviert, um sich dann verdientermaßen Kaffee und Kuchen schmecken zu lassen.

Was wirklich das Herz berührt, drückte eine ältere Dame so aus: „Ich habe sehr viele große Reisen gemacht, aber wirklich in Erinnerung geblieben ist mir, wie ich oben auf dem Felsen stand und die Sonne ins Meer unterging. Das werde ich nie vergessen."

Macht es der heutige Lebensstil schwerer als früher, im Alter weise zu werden? Heute scheint sich die Hektik bis in die späten Tage hineinzuziehen. Es fehlt das dringend notwendige Gegengewicht im inneren, seelischen Bereich. Viele Menschen sind spirituell ausgehungert, suchen aber keinen Ausgleich durch Gebet und Gottesdienst. Stabilität und Harmonie bleiben auf der Strecke.

Die Sehnsucht der Seele

Der Herbst mit den länger werdenden Abenden und Nächten, die Jahre des Alters aber auch Zeiten der Krankheit geben dem Menschen genügend Gelegenheit, sich wieder mehr in sein Inneres zurückzuziehen, um die Kräfte zu sammeln und diejenigen Dinge zu suchen, die das Leben lebenswert machen.

Erst vor Kurzem las ich den Bericht eines 55-jährigen Mannes, der an einer lebensbedrohlichen Krankheit ohne Aussicht auf Genesung leidet. Er schreibt seine Geschichte auf, damit sich andere daran stärken können. Er sei ein eigensüchtiger Mensch gewesen, der nur immer sich selbst gekannt hat. Nun habe er verstanden, dass einzig die geistigen Dinge wesentlich seien für das Leben, und er habe zu Gott gefunden. Das abgebildete Foto vermittelte nicht den Eindruck eines kranken oder gar verzweifelten Mannes, sondern, trotz aller Apparate, den eines zufriedenen und glücklichen Menschen. Er hat als seine Aufgabe erkannt, seine leidvollen Erfahrungen anderen Menschen mitzuteilen, damit sie in ähnlichen Situationen Mut schöpfen können.

DIE LIEBE ZU GOTT UND DIE LIEBE ZU MENSCHEN SIND DER INHALT SEINES LEBENS GEWORDEN.

Er hört auf die Stimme seiner Seele. Sie ist Leben vom Leben Gottes, sie ist das eingegebene innere Wissen und verliert dieses Wissen nie, wenn es der Mensch nicht zuschüttet mit vergänglichen, oberflächlichen und eitlen Dingen. Die Seele erinnert den Menschen beständig daran, *„dass er die Dinge festhalte, die von Gott selbst kommen. Im glücklichen Menschen unterwirft sie mit ihren Kräften durch die Gnade Gottes ihren Leib und verschafft ihm einen Genuss an guten Dingen."*

Das Wort „unterwirft" hat in unserer Zeit der schrankenlosen Freizügigkeit keinen guten Klang. Wer will sich schon unterwerfen und gehorchen? Die hl. Hildegard spricht davon, dass die Seele die Herrin ist, der Leib aber die Magd. Schon wieder diese Unterordnung. Wir müssen hier aber etwas genauer hinsehen.

Wenn der Leib störrisch ist wie ein alter Esel und gegen alle Einsicht handelt, kann es dem Menschen nicht gut gehen. Sehr einleuchtend kann dies am Essverhalten gezeigt werden: Wenn ein Mensch wahllos üppige, fette oder süße Speisen zu sich nimmt, sind die Folgen vorprogrammiert. Ein glücklicher Mensch wird gute Dinge genießen können. Das ist gemeint mit der Unterwerfung des Leibes durch die Gnade Gottes und die Kräfte der Seele.

„... dann ist die Seele verwundert und entrüstet und löscht jenes Gift aus Gefäßen und Mark und stoppt es ab. Und durch die Gnade des Heiligen Geistes tröstet sie den Menschen zusammen mit der Lehre der heiligen Schriften von den Lastern weg zu den Tugenden hin. Damit er nicht matt werde in den Sünden, liest sie ihn zusammen und nimmt ihn fürsorglich in ihre Obhut."

Trost durch die Lehre der Heiligen Schrift

Im letzten Abschnitt des Textes zum Monat Oktober wird deutlich, dass die Eigenschaften dieses Monats nicht nur den alten Menschen betreffen. Wenn der Mensch sich reizen lässt von verschiedenen Genüssen, wachsen in ihm ein Widerwille und ein Ekel, die es ihm unmöglich machen, sich auf diese Weise weitertreiben zu lassen. Er kann sich selbst nicht mehr leiden und merkt, wie er sich selbst immer mehr entfremdet. Vielleicht wird er auch krank oder depressiv. In dieser Situation ist es dem Menschen zu wünschen, dass er die Chance ergreift, in sich zu gehen.

Aus nebenstehenden Text strahlen eine Ruhe und ein Trost, so wie ihn warme, schöne Oktobertage verbreiten. Endlich sind die Wogen geglättet, das aufgeregte Jagen nach den Eintagsfliegen der eitlen Nichtigkeiten ist einem Genießen der goldenen Sonnenstrahlen gewichen.

Der Trost aber kommt durch die Gnade Gottes aus den heiligen Schriften. Das ist die eindeutige Botschaft der heiligen Hildegard aus ihrer mystischen Schau. Die Seele mahnt zwar den Menschen auszusteigen aus den ausgefahrenen Gleisen. Aber die Seele braucht die Ankoppelung an Gott, muss ihre Herzensanliegen vor ihn bringen und von ihm die Wegweisung erbitten.

IN EINEM PSALM HEISST ES: „DEIN WORT, O HERR, IST LICHT ÜBER MEINEM PFAD."

Das Wort Gottes ist die Nahrung unsrer Seele, ohne dieses werden wir matt und kraftlos. Dieser Nachschubweg muss ein Leben lang versorgt werden. Nach meiner Beobachtung ist es aber nur noch eine verschwindend geringe Zahl von Christen, die noch in der Heiligen Schrift liest. Wenn die Seele keine Nahrung mehr bekommt, stellt sie ihre Tätigkeit im Leib mit der Zeit ein und trocknet aus.

DIE WEISHEIT DER HEILIGEN SCHRIFTEN KANN DEN MENSCHEN WEISE MACHEN.

Hildegard von Bingen durfte den Sinn der heiligen Schriften und ihre wichtige Bedeutung für das menschliche Leben erkennen, um für die Menschen eine Wegweiserin zum Worte Gottes zu werden.

Übung

Lieben Sie den Oktober,
die satten Farben, die klare Luft,
die den Blick weit macht?
Gönnen Sie sich diese Wohltat.

Zeit der Ruhe, Zeit der Stille,
um den inneren Lärm zu beruhigen.
Der Herr führt mich
zum Ruheplatz am Wasser.

Gönnen Sie Ihrer Seele,
aus dem Quell des lebendigen
Wassers zu trinken,
aus dem Worte Gottes, das nie versiegt.
Jeden Tag nur ein Wort der Heiligen Schrift,
das genügt, um die Seele am Leben
zu erhalten.

November –
vor Kälte traurig

November

„Der elfte Monat kommt gebückt und baut die Kälte auf. Er zeigt an sich nicht die Freude des Sommers, sondern die Traurigkeit des Winters. Kälte fällt aus ihm über die Erde, sodass sie den Schmutz aufschäumen lässt. Dem gleicht der Mensch, wenn er sich zusammenkauert, damit die Kälte ihn nicht durchdringt. Wenn er daher in Traurigkeit seine Knie beugt, dann häuft er in seinem Herzen schmerzvolle Gedanken an ... und sieht nichts mehr, was ihn freuen könnte.

In dieser tiefen Betrübnis erinnert er sich daran, dass die Knie des Menschen vor seiner Geburt von Natur aus angewinkelt sind. Genauso schrumpft er durch die Kälte ein, wenn er ins Greisenalter kommt. Und da er die Freude der Jugend nicht mehr hat, wird er traurig, weil er geschwächt wird durch die Trockenheit, in der er abmagert ... So zieht jeder Greis nämlich seine Glieder zusammen, während er sich aus Angst vor der Kälte am Feuer wärmt, weil er von Natur aus kalt ist.

So ist auch dieser Monat, der fern von den Freuden des Sommers lauter kalte Tage hat, den Knien des Menschen vergleichbar, die der Greis in Traurigkeit beugt, wenn er sich seines Anfangs erinnert, als er im Schoß seiner Mutter mit angewinkelten Knien wie gefangen saß.

Genauso stöhnt die Seele in ihrem Gefäß, dem Leib, den sie bewohnt. Obwohl die Seele mit ihren Kräften den Menschen so überwältigt hat, dass er von den begangenen Sünden etwas ablässt, so kann sie ihn doch nicht daran hindern, begierig nach dem Sündigen zu sein. Dann stöhnt sie in ihrem Gefäß, dem Leib, in dem sie wohnt; denn sie durchdringt den ganzen Leib und bewegt ihn wie ein Wind, der durch ein Haus weht, die Wände erzittern lässt und durch die Luken dringt.

Aber wenn der Mensch sich in die Finsternis seiner schlechten Taten hineinwühlt wie ein Wurm in das Bohrloch des Dreckes, dann ermatten die Kräfte der Seele in den Adern, dem Mark und den Gelenken, weil sie nicht erwärmt wird vom Feuer des Heiligen Geistes. So stöhnt sie immer wieder schmerzvoll auf und vergisst, was sie ihrer Natur nach ist und woher sie gekommen ist. Sie wurde ihrer geistigen Natur entfremdet; denn wenn sie nicht durch die Gnade des Heiligen Geistes entfacht ist, stimmt sie widerwillig den eigenwilligen Werken des Menschen zu. Weil sie aber gegen ihren Willen wirkt, wird sie sehr traurig, genauso wie auch der Leib manchmal traurig wird, wenn er gegen seine Wünsche gezwungen wird, dem inneren Wissen der Seele entsprechend zu handeln."

Die Traurigkeit des Winters

„Der elfte Monat kommt gebückt und baut die Kälte auf. Er zeigt an sich nicht die Freude des Sommers, sondern die Traurigkeit des Winters. Kälte fällt aus ihm über die Erde, sodass sie den Schmutz aufschäumen lässt."

An diesem Monat ist nun wirklich nichts mehr schönzureden. Kälte, Dunkelheit, Schmutz und Traurigkeit bestimmen die Tage. Auch wenn sich der Himmel klar zeigt, ist die Sonne fahl, blass und ohne Wärme. So erleben wir es in unseren Breitengraden und werden in unserem seelischen und körperlichen Befinden stark davon beeinflusst. Schon wegen des mangelnden Lichtes leiden viele Menschen an depressiven Verstimmungen und wegen der Kälte an verschiedensten Krankheiten wie Erkältungen, Rheuma u. ä. Der beste Platz ist in der warmen Stube.

Der Kreis des Lebens nähert sich immer mehr seinem Ursprung. Die angewinkelten Knie des Greises sind der Haltung des Embryos im Mutterleibe ähnlich, als das Kind noch unbeweglich im Dunkeln lag. In beiden Fällen steht der Austritt in ein neues Leben bevor, aber zuvor müssen Geburtswehen überstanden werden. Die Gegenwart ist mühselig und bedrückend. Der Körper baut sich langsam ab, Bedrückung ist ein ständiger Begleiter, und die Kälte kriecht innen hoch.

„So ist auch dieser Monat, der fern von den Freuden des Sommers lauter kalte Tage hat, den Knien des Menschen vergleichbar, die der Greis in Traurigkeit beugt, wenn er sich seines Anfangs erinnert, als er im Schoß seiner Mutter mit angewinkelten Knien wie gefangen saß."

DER KÖRPER MIT SEINEN BESCHWERDEN IST WIE EIN GEFÄNGNIS, DEM MAN NICHT ENTRINNEN KANN.

Der Tod meldet sich immer deutlicher an. Ich hatte das Glück, tiefgläubige Menschen in den letzten Tagen vor ihrem leiblichen Tod begleiten zu dürfen. Niemand durfte ihnen Medikamente geben, die sie in einen Dämmerschlaf versetzten, um sich selbst und ihre Umgebung nicht mehr wahrnehmen zu müssen. Aber niemand getraute sich auch, ihnen die Wahrheit über ihren nahen Tod zu sagen. Die Angst der Angehörigen schien schlimmer zu sein als die Angst des Sterbenden. Ich sagte: „Es kann sein, dass du sterben musst. Ist Sterben schlimm?" Die Antwort kam sehr klar: „Nein, sterben ist nicht schlimm, aber die Sorge um meine Angehörigen."

Auch in einem anderen Fall war die Sterbende bei klarem Verstand und wanderte zwischen zwei geistigen Welten. Immer wieder erhellte sich ihr Gesicht und sie sagte: „Wo bin ich denn? Dort ist es schön, lauter Liebe." In anderen Augenblicken spannte sich ihr Gesicht an, und sie bestätigte, dass sie etwas Angst vor dem Sterben habe.
Aus Erfahrung weiß ich, dass die Sterbenden um ihren „Hinübergang" wissen. Sie können aber nicht darüber reden, weil sie die Angst der Angehörigen spüren. Im Buddhismus werden die Sterbenden so lange wie möglich bei Bewusstsein gehalten, um sie auf ihre Reise vorzubereiten. Und wie sieht es im Christentum aus?

Depressive Verstimmungen

„Diesem Monat gleicht der Mensch, wenn er sich zusammenkauert, damit die Kälte ihn nicht durchdringt. Wenn er daher in Traurigkeit seine Knie beugt, dann häuft er in seinem Herzen schmerzvolle Gedanken an, hält sich selbst gleichsam für Schmutz und sieht nichts mehr, was ihn freuen könnte."

Ein Mensch mit einer depressiven Verstimmung gleicht dem Charakter des Monats November, wobei das Alter gleichgültig ist. Wie wir wissen, kann es einen jungen Menschen genauso treffen wie einen älteren.

Bei einer depressiven Verstimmung überfällt der Weltschmerz den Menschen und malt das ganze Leben in Grau und Schwarz, an nichts kann er sich mehr freuen.

Sehr häufig sind eine traurige Grundstimmung und immer wieder auftretende depressive Verstimmungen bei Menschen, deren äußerer Lebensablauf keine Auffälligkeiten zeigt. Bei Hildegard finden wir hierzu drei Punkte:

SCHMERZVOLLE GEDANKEN ANHÄUFEN, SICH SELBST FÜR WERTLOS HALTEN UND KEINE FREUDE MEHR FINDEN. WER WÜRDE SOLCHE SITUATIONEN NICHT KENNEN?

Novemberstimmung. Wie ein Igel in sich selbst hineingerollt, die Stacheln nach außen stellend: Es wird schwer sein, diesen Panzer aufzurollen. Glücklich ist der Mensch zu nennen, der sich einem anderen öffnen kann, der ein Ventil findet, um diesen inneren Dampf abzulassen. Für die seelische Gesundheit ist sehr wichtig, auch diese Traurigkeiten zulassen zu dürfen, genauso wie der November seinen Platz im Jahr hat. Manchmal sind mit dem ersten Sonnenstrahl bereits die schwarzen Vögel der Nacht verscheucht. Mit einem guten Morgengebet bekommt die Seele Flügel und wendet sich wieder erfreulicheren Dingen zu. Ganz anders sieht es mit den tief sitzenden Vorwürfen aus, die sich der Mensch zu Recht oder zu Unrecht beständig macht.

Fehlende Harmonie zwischen Seele und Leib

„Aber wenn der Mensch sich in die Finsternis seiner schlechten Taten hineinwühlt wie ein Wurm in das Bohrloch des Dreckes, dann ermatten die Kräfte der Seele in den Adern, dem Mark und den Gelenken, weil die Seele nicht erwärmt wird vom Feuer des Heiligen Geistes. So stöhnt sie immer wieder schmerzvoll auf und vergisst, was sie ihrer Natur nach ist und woher sie gekommen ist. Sie wurde ihrer geistigen Natur entfremdet…"

Bei Verstimmungen kann es hilfreich sein, nach Gründen zu fragen, die in Schmerzen und Dunkelheiten hineingeführt haben. Hat meine Lebenseinstellung damit zu tun? Worauf richtet sich mein Streben? Will ich meine eigenen, egoistischen Wünsche erfüllen oder will ich das Gute tun? Handle ich aus Liebe oder aus Berechnung? Ich glaube, das Bild vom Wurm, der sich in das Bohrloch des Dreckes hineinwühlt, kann jeder verstehen. Die Finsternis der schlechten Taten entspricht dann der Dunkelheit des Novembers. Die Seele stöhnt deshalb immer wieder auf, weil sie ihre von Gott gegebene Aufgabe, nämlich das Gute mit dem Leib zu wirken, nicht erfüllen kann. Sie erschüttert den Menschen, sodass er aus dem Gleichgewicht kommt, aber sie kann nicht verhindern, dass der Mensch Böses tut. Wenn der Leib begierig ist nach dem Sündigen, vergisst die Seele, woher sie stammt und welches ihr eigentliches Wesen ist. Der Mensch beginnt an sich selbst zu zweifeln.

„Die Liebe ist ein nie verlöschendes Feuer. Aus ihm haben die Funken des wahren Glaubens ihr Feuer, die in den Herzen der Gläubigen brennen."
(aus dem Briefwechsel)

Feuer der Liebe in der Kälte

Die gläubigen Christen aller Zeiten, die Heiligen und die Mystiker haben sich nie mit den Dunkelheiten, den Bosheiten und der Gier der Menschen abgefunden. Beim heiligen Paulus steht: „Lass dich nicht vom Bösen überwinden, sondern überwinde du das Böse durch das Gute." Jeder Mensch weiß in der Tiefe seiner Seele, was gut ist, auch wenn er es nicht tut. Die Seele ist eine feurige Kraft aus dem Feuer des Heiligen Geistes. Dieses Feuer kann aber eingedämmt, ja sogar zum Erlöschen gebracht werden, wenn der Mensch lange Zeit beharrlich Böses tut.

Die irdischen Wünsche des Menschen wie zum Beispiel der Eigennutz, die Vergnügungssucht, die Habgier oder die Bequemlichkeit setzen dem Sehnen der Seele oft einen harten Widerstand entgegen. Der Mensch wird traurig, wenn er mit diesen Wünschen nicht zum Ziel kommt und die Seele ihn zum Guten zwingen will. Auch das kann ein Grund für depressive Verstimmungen sein: Man gönnt mir ja keine Freude mehr!

Unsere Seele hat es sehr schwer, ihre Sehnsucht nach Liebe, Wärme, Frieden und Freude auf dieser Welt zu verwirklichen. Die eigene Flamme ist zu schwach und braucht immer wieder Auffrischung an der Glut des Heiligen Geistes.

Scheint es nur so, oder ist unsere Welt wirklich kälter geworden? Der Blick in unsere Alten- und Pflegeheime erweckt diesen Eindruck. Viele alte Menschen haben heute keinen Halt mehr im Glauben. Falls eine Kapelle im Haus ist, wird sie kaum noch besucht. Manch ein Pfleger oder eine Pflegerin leidet nicht nur am engen Zeitrahmen, sondern auch am seelenlosen System.

Eine Praktikantin im Altenheim, eine überzeugte Christin, erzählte mir von einer schwer kranken alten Frau, für die ihr Glaube ein wesentlicher Halt war. Daraufhin fragte die Praktikantin die Tochter der Frau, ob sie nicht einen Priester verständigen wolle, welcher der Mutter die Krankensalbung bringen könne. Die Tochter wurde sehr aufgebracht und beklagte sich bei der Heimleitung wegen Einmischung in persönliche Dinge. Die Heimleitung wiederum rügte die Praktikantin und verständigte die Schulleitung, woraufhin die Praktikantin vor versammelter Studentenschar eine Abmahnung bekam.

„Auch wenn ich alt und grau bin, o mein Gott, verlass mich nicht." Die Verlassenheit stößt viele alte Menschen in die Verzweiflung, und die Kälte und Lieblosigkeit lassen sie frieren. Nur die Barmherzigkeit und wohlwollende Zuwendung liebender Menschen können sie die Wärme und Liebe Gottes erfahren lassen. Ein einziges gutes Wort ist wie ein Lichtstrahl in der Dunkelheit.

Meditation: Göttliche Liebe

Im Gebet
So nahe
Der Unendlichkeit

Dir,
Du barmherziger Gott
Der liebend alles
Bereitet
Der uns auf verborgenen
Wegen führt

Du
Bist mir so nahe
Ein Teil von mir
Eingehaucht
In immerwährender Liebe

Begleite mich
Leite mich
Du barmherziger Gott

Du Vater
Der uns einhüllt
In den Mantel seiner
Barmherzigkeit

Steh du mir zur Seite

Renate Rückeis

Dezember –
hart und grimmig

Dezember

„Auch der zwölfte Monat behält die Kälte mit großer Wucht und lässt die Erde hart gefrieren und bedeckt sie völlig mit dem Schaum der Kälte, macht sie verdrießlich und beschwerlich. In diesen Eigenschaften sehen wir einen Hinweis auf die Füße, die so vieles zertreten und verstreuen und die Erde eindämmen. Sie beherrschen die Erde, damit sich diese nicht in die Höhe heben kann, sondern dass die Füße über ihr stehen.

Daher wird auch die Seele des Menschen schwer befleckt, der in seiner Wut das Blut seines Nächsten vergossen oder ihm im Streit ein anderes Unrecht zugefügt hat. Wie nämlich der Körper nach dem Ausscheiden der Seele ohne Wärme ist und kalt bleibt, so wird auch die Seele ohne die Wärme der feurigen Gaben des Heiligen Geistes durch den Zorn verhärtet und vergisst ihr eigenes Wesen. Denn im Zorn des Menschen wallt das Blut auf; verlassen von allen rechten Sinnen, benimmt sich der Mensch wie wahnsinnig.

Durch diese unvernünftigen Zornausbrüche schneidet er sich selbst mit Herz und Mund von jeder Glückseligkeit ab, indem er seinen Bruder beneidet. Soweit es ihm möglich ist, verstreut er in Gedanken und im Reden alles, was an ihm gut ist.

Und deshalb ist er vor Gott durch seinen bösartigen Hass in seinem Herzen wie ein Mörder. Denn er knirscht mit seinen Zähnen gegen Gott und schüttet boshafte Worte über ihn aus, die er mit Hass in seinem Herzen diktiert hatte.

Wegen der Verhärtung seiner ungerechten Wege kann er weder die Wonne der Heiligkeit spüren noch den Samen guter Taten aussäen. Wegen dieser Verhärtung, in der er ständig verharrt, seufzt er auch nie zum Himmel auf.

Blind für all die guten Taten aus einem reinen und heiligen Wissen wird er niemals die Freuden der Heiligkeit besitzen, die er in seinem Zorne verstreut hatte. Er gleicht einem Kamel, das mit den hässlichen Höckern der Sünden belastet und verunstaltet ist.“

Hart, kalt und verdrießlich

Wieder einmal ist die mystische Schau der heiligen Hildegard für eine Überraschung gut. Wir erwarten im letzten Monat die Besprechung des Lebensendes, so wie der Januar mit der Geburt des Menschen begann. Der Tod gehört zum Leben dazu, obgleich wir heute gewohnt sind, ihn zu tabuisieren und so weit wie möglich zu ignorieren. Auch bei schwerstkranken Menschen wird in der Regel nicht über das nahende Ende gesprochen. Und doch steht der Tod wie ein drohendes Gespenst über unserem Leben. Erwarten wir nicht zu Recht von der weisen Hildegard von Bingen einige tröstende Worte?

Es ist ganz einfach: Der leibliche Tod ist nicht das Ende des Lebens, nur die leibliche Hülle wird kalt nach dem Ausscheiden der Seele. Nur das ist bei Hildegard die Ähnlichkeit mit dem kalten Monat Dezember.

Im Übrigen vergleicht sie ihn in seiner gefrorenen Härte mit den Füßen, die vieles zertreten, sodass an dieser Stelle nichts mehr wächst. *„Sie beherrschen die Erde, damit sich diese nicht in die Höhe heben kann, sondern dass die Füße über ihr stehen."* Das Zertrampeln der Erde – mir fallen dazu die Soldatenstiefel ein – sind ein sinnfälliges Bild für die rücksichtslose Beherrschung der Erde. Der Mensch steht auf ihr und alles andere ist ihm unterlegen. Verstärkt wird diese Haltung heute durch Autos und Maschinen, durch Verbauung und Versiegelung. Das ist so wie im Dezember, wo die Kälte die Erde beschwerlich und unerfreulich macht. Dieser Monat zeigt in noch stärkerem Maße die Eigenschaften des Novembers, aber unerfreulicher und beschwerlicher. Und doch gehört er zum Kreislauf des Jahres, muss angenommen und ausgehalten werden wie auch die schwierigen Phasen des Lebens.

Zorn und Streit vernichten Leben

„Wie nämlich der Körper nach
dem Ausscheiden der Seele
ohne Wärme ist und kalt bleibt,
so wird auch die Seele ohne
die Wärme der feurigen Gaben
des Heiligen Geistes durch den
Zorn verhärtet und vergisst ihr
eigenes Wesen."

Der Text bei Hildegard nimmt nun eine völlig unerwartete Wendung. Nicht der leibliche Tod ist es, den wir fürchten sollen, sondern der ewige Tod der Seele, der durch den Zorn verursacht wird. Dieser nämlich hat alle Eigenschaften des Dezember: hart gefroren, verdrießlich, beschwerlich, er zertritt und beherrscht die anderen und befleckt die Seele schwer.

Das Wort Zorn ist uns heute nicht mehr so geläufig, wir verwenden eher die Worte Wut oder Aggression.
Es ist eine negative Haltung. Bei Hildegard wird sie Laster genannt, die jeden Menschen betrifft. In der Heiligen Schrift wird uns berichtet, dass der Zorn bereits seit Beginn der Menschheit das Handeln bestimmt hat: Kain erschlug im Zorn seinen Bruder Abel.

SO BEKOMMT HILDEGARD IN IHRER SCHAU GEZEIGT, DASS IM MENSCHEN DURCH SEINE ENTFERNUNG VON GOTT EINE UMWANDLUNG IN SEINEM ORGANISMUS GESCHEHEN IST: ES ENTSTAND IN IHM DIE NEIGUNG ZU MELANCHOLIE, TRAURIGKEIT UND ZORN.

Und diese Neigung wurde dem Menschen vom ersten Elternpaar her vererbt. Ein Blick in die Menschheitsgeschichte lässt uns erkennen, welche Folgen diese Veranlagung gezeitigt hat. Nicht weniger erschreckend sind die Auswirkungen im zwischenmenschlichen Bereich, in Familie, Beruf und öffentlichem Leben. Im Zorn gerät der Mensch außer sich und kennt sich selbst nicht mehr. Er schadet nicht nur dem Mitmenschen, sondern vor allem auch

sich selbst. Ein afrikanisches Sprichwort sagt: „Der Zorn frisst seinen Herrn zuerst."

In letzter Konsequenz will der Zorn das Leben des anderen vernichten, entweder durch tatsächlichen Mord oder durch geistigen Mord, den Rufmord. Sehr deutlich sagt es auch der wütende Ausruf: Der ist für mich gestorben. Wie an kalten Wintertagen die Erde tief gefroren ist, so durchzieht die Kälte den ganzen Menschen bis tief ins Herz hinein. Das Leben erstirbt.

„Daher wird auch die Seele des Menschen schwer befleckt, der in seiner Wut das Blut seines Nächsten vergossen oder ihm im Streit ein anderes Unrecht zugefügt hat."

Der Zorn ist wie des Teufels Herz

„Der Zorn ist nämlich das schlimmste Laster, und es ist so etwas wie des Teufels Herz."

Er ist die Brutstätte für viele weitere Laster wie Streitsucht, Zwietracht, Verleumdung, Spottsucht und andere mehr. Hildegard von Bingen sieht in ihren Visionen 35 Laster, negative, zerstörerische Haltungen, und ihnen gegenüber ebenso viele Tugenden, positive, aufbauende Haltungen wie zum Beispiel Geduld, Friedfertigkeit, Nächstenliebe, Wohlwollen. Diese Tugenden sind die „starken Streiter Gottes" im Kampf gegen die das Leben zerstörenden Mächte. Ohne diese geistige Hilfe wird der Mensch oft wie ein Spielball hin- und hergeworfen.

Dabei fängt dieses Spiel scheinbar ganz harmlos an, denn die Laster sprechen eine sehr einsichtige Sprache. Der Zorn sagt:

„Ich zerstampfe und strecke nieder alles, was mir Unrecht zufügt. Warum sollte ich Unrecht ertragen? Was jeder andere will, dass ich es ihm nicht zufüge, das füge er auch mir nicht zu. Denn mit einem Schwert verwunde ich, mit den Prügeln schlage ich zu, wenn einer mir Unrecht getan." (LVM)

Wer will sich schon ungerecht behandeln lassen? Da kommt sehr schnell die Wut auf. In der Regel flaut die Erregung nach kurzer Zeit wieder ab und die Streitsache kann vernünftig beigelegt werden. Wenn die Wut sich aber hochschaukelt, wie es in den Worten des Zornes zum Ausdruck kommt, ist bereits Gefahr in Verzug.

DER ZORNIGE MENSCH ZERREISST IN SEINER BOSHEIT SOWOHL DEN, DER IHN LIEBT, WIE DEN, DER IHN HASST. UND SO ZAHLT ER DEM, DER IHM GUTES TUT, OFT BÖSES FÜR DAS GUTE HEIM. ER DENKT IN SEINEM ZORN GAR NICHT DARÜBER NACH, WAS GUT UND WAS GERECHT IST.

Auch ein bedächtiger und weiser Mensch wird im Zorne rasend, ein Geduldiger streitet voll Ungeduld und ein Mäßiger gerät in Maßlosigkeit. Es sieht aus, als ob er seinen Verstand verloren hätte. Er beneidet seinen Bruder und schadet ihm, wo er nur kann. In Gedanken und im Reden zerreißt er alles, was an ihm gut ist. Er schleudert alles von sich, was in den Weisungen Gottes über Sanftmut, Güte und Milde steht, und speit sie voller Verbitterung aus.

Von jeder Glückseligkeit abgeschnitten

„Durch diese unvernünftigen Zornausbrüche schneidet er sich selbst mit Herz und Mund von jeder Glückseligkeit ab, indem er seinen Bruder beneidet."

Wer zornig und wütend auf den anderen ist, macht nicht nur den anderen, sondern vor allem sich selbst unglücklich. Das vergessen wir häufig, wenn die Gefühle hochkochen und der Streit eskaliert. Der andere wird mit abfälligen und beleidigenden Worten moralisch abqualifiziert. Der Tod der Beziehung kann oft nicht mehr rückgängig gemacht werden und belastet ein ganzes Leben. Wie viele schwere Krankheiten entstehen aus einem solchen Zorn!

Der Zorn kann sich aber auch gegen Gott richten, bei schweren Schicksalsschlägen oder beim Verlust eines lieben Menschen. „Wie kann Gott das zulassen, wenn er ein guter und gerechter Gott ist?"

So verständlich und nachvollziehbar die Enttäuschung und die Schmerzen auch sind, so sehr sperrt sich der Mensch selbst in seinen Zorn und Hass ein und verbaut sich jeden Ausweg.

„Und deshalb ist er vor Gott durch seinen bösartigen Hass in seinem Herzen wie ein Mörder. Denn er knirscht mit seinen Zähnen gegen Gott und schüttet boshafte Worte über ihn aus, die er mit Hass in seinem Herzen diktiert hatte."

Wichtig ist es hier, den zornigen Menschen nicht in erster Linie moralisch abzuurteilen, sondern ihn zu bedauern. Durch die innere Verhärtung ist er wie in einem Käfig gefangen, kann sich an gar nichts mehr freuen und weder sich noch anderen etwas Gutes tun. Er erhofft sich auch von Gott nichts Gutes. Sein Zustand gleicht dem Wesen des Monats Dezember mit seiner Verhärtung und Kälte. Es hat den Anschein, als ob alles Leben erstorben wäre.

„Blind für all die guten Taten aus einem reinen und heiligen Wissen wird er niemals die Freuden der Heiligkeit besitzen, die er in seinem Zorne verstreut hatte. Er gleicht einem Kamel, das mit den hässlichen Höckern der Sünden belastet und verunstaltet ist."

Wir alle aber hoffen, dass die Härte des Dezember nicht das letzte Wort hat. Genauso wenig ist der Mensch dazu verurteilt, in der Verhärtung seines Zornes zu verharren. Gerade als Christen wissen wir, dass sich Gott in seinem Sohn als die Liebe gezeigt hat. Wir müssen nur die Türen unseres Herzens aufmachen.

Hildegard sagt: „Gott liebt den straffällig gewordenen Menschen mehr als den Menschen im leuchtenden Urzustand, weil er mehr Barmherzigkeit braucht."

Die TUGENDKRAFT DER GEDULD ist stärker als die Zerstörungskraft des Zornes.

Hildegard hört sie folgendermaßen sprechen:

„Ich erklang in den obersten Höhen und entströme der Erde wie Balsamduft.

Du, du Zorn, hingegen bist arglistig und trinkst Blut.

Ich bringe die Blüten und Früchte aller Tugenden hervor und baue sie fest in den Gesinnungen der Menschen auf. Somit vollende ich alles, was ich beginne. Ich harre darin aus, zerstampfe niemanden, vielmehr besitze ich alles in Ruhe und niemand verdammt mich.

Doch wenn du einen Turm errichtest, zerstöre ich ihn mit einem einzigen Wort und zerstreue all seine Beute. Und so wirst du zugrunde gehen, ich aber werde in alle Ewigkeit bleiben." (LVM)

Der Jahreskreis schließt sich

„So wie Gott die Geschöpfe in den Menschen eingezeichnet hat, so hat er auch die Zeiten des Jahres im Menschen programmiert."

In diesem Buch haben wir uns von der heiligen Hildegard von Bingen an die Hand nehmen und durch das Jahr führen lassen. Es ist eine Reise durch scheinbar bekanntes Land, denn jeder von uns weiß um die Monate und ihre besonderen Eigenschaften. Und doch werden uns auf jeder Station die Augen geöffnet für bisher nicht bekannte Zusammenhänge zwischen den Charakteren der Monate und dem Wesen der Menschen. Es bestehen viel tiefere Verflechtungen, als wir ahnen. Die Natur ist nicht nur eine äußere Kulisse, die wir benutzen können, um unser Lebenswerk aufzubauen, sie ist auch nach den gleichen Gesetzmäßigkeiten programmiert wie der Mensch.

Gott hat den Menschen auf diese Erde gesetzt, damit er mit ihr schöpferisch tätig wird und das Gute wirke. Dabei ist die Seele die unsichtbare geistige Lebenskraft aus Gott, die im und mit dem Leibe wirkt. Solange der Mensch aus dieser Verbindung von Leib und Seele existiert, ist er den Abläufen der Natur unterworfen. Wenn sich im leiblichen Tod die Seele vom Körper trennt, enden diese Abhängigkeiten.

Die Taten des Menschen aber vergehen nicht, weil sie durch den Geist des Menschen gewirkt sind. Sie haben ihre Auswirkungen in die Ewigkeit hinein.

Die heilige Hildegard von Bingen kann uns als Mystikerin, Visionärin und Prophetin einen Einblick in die tiefen Geheimnisse unseres Lebens verschaffen, der es uns ermöglicht, unser Leben besser zu verstehen.

Literaturnachweis

Alle Hildegard-Texte sind, bis auf die gesondert angemerkten Textstellen, entnommen dem Liber divinorum operum – Buch der göttlichen Werke.
Leider sind alle Übersetzungen derzeit vergriffen.

Die mit LVM bezeichneten Texte entstammen dem Liber vitae meritorum – Buch der Lebensverdienste.
Auch hiervon sind keine Übersetzungen mehr auf dem Markt.

Bildnachweis:

S.6: © William Wang – fotolia.com
S.8/9: © Anna Khomulo – fotolia.com
S.15: © Sandra Bartholdt – fotolia.com
S.22: © Pixelio / Tina
S.24: © Photoroller – fotolia.com
S.26/27: © SADEQ – fotolia.com
S.28: © sandra zuerlein – fotolia.com
S.29: © Sergey Tokarev – fotolia.com
S.33: © emer – fotolia.com
S.34: © Gipfelstuermer – fotolia.com
S.35: © Henryk Olszewski – fotolia.com
S.36/37, 75: © marilyn barbone – fotolia.com
S.38/39: © Jean-Claude Drillon – fotolia.com
S.46, 58 o: © Olga Shelego – fotolia.com
S.47 u, 56 u: © Birgit Reitz-Hofmann – fotolia.com
S.47 o: © Beboy – fotolia.com
S.54: © Sandra Brunsch – fotolia.com
S.55: © ktsdesign – fotolia.com
S.56 o: © rimglow – fotolia.com
S.57: © manolito – fotolia.com
S.58 m © Katia Pointurier – fotolia.com
S.58 u: © Pixelio / manwalk
S.62/63: © Sunnydays – fotolia.com
S.63: © yellowj – fotolia.com
S.68 o: © Pixelio / Bolliger Hanspeter Bearbeitung Joujou
S.68 u, 126 re: © Eric Isselée – fotolia.com
S. 69: © ying xiaoming – fotolia.com
S.72/73: © Vitaliy Pakhnyushchyy – fotolia.com

S.80: © Olga Vasilkova – fotolia.com
S.81: © Olga Lyubkina – fotolia.com
S.82/83: © Galyna Andrushko – fotolia.com
S.88, 92: © Alexander Maier – fotolia.com
S.89: © Twilight_Art_Pictures – fotolia.com
S.93: © Bertold Werkmann – fotolia.com
S.102 u: © Franny-Anne – fotolia.com
S.103 o: © Ernst Fretz – fotolia.com
S.103 m: © CRAIG MCATEER – fotolia.com
S.103 u: © blende40 – fotolia.com
S.104: © dinostock – fotolia.com
S.105: © Lianem – fotolia.com
S.106/107: © Yee Qing Xiang – fotolia.com
S.108: © Rido – fotolia.com
S.109: © Alex Shmit – fotolia.com
S.112/113: © Pixelio / Hubert Van Roy
S.116: © Helmut Singer – fotolia.com
S.117: © Doreen Salcher – fotolia.com
S.124: © Marco Klaue – fotolia.com
S.125: © Krzysiek z Poczty – fotolia.com
S.126 li: © Emilia Stasiak – fotolia.com
S.127: © Renata Osinska – fotolia.com
S.136: © Zuboff – fotolia.com
S.137: © Tobias Marx – fotolia.com
S.138/139: © Pixelio / Rainer Sturm
S.142/143: © styf – fotolia.com